# 我的祖國行腳詩鈔

## — 陳福成 70 歲紀念詩集

陳 福 成 著

文 學 叢 刊

文史哲出版社印行

國家圖書館出版品預行編目資料

我的祖國行腳詩鈔：陳福成 70 歲紀念詩集
/ 陳福成著.-- 初版 -- 臺北市：文史哲出版社,民 111.05
頁；　公分--（文學叢刊；460）
ISBN 978-986-314-606-3（平裝）

863.51　　　111008031

文學叢刊 460

# 我的祖國行腳詩鈔

## —— 陳福成 70 歲紀念詩集

著　者：陳福成
出版者：文史哲出版社
http:// www.lapen.com.tw
e-mail：lapen@ms74.hinet.net
登記證字號：行政院新聞局版臺業字五三三七號
發行人：彭正雄
發行所：文史哲出版社
印刷者：文史哲出版社
臺北市羅斯福路一段七十二巷四號
郵政劃撥帳號：一六一八〇一七五
電話 886-2-23511028 · 傳真 886-2-23965656

定價新臺幣三八〇元

二〇二二年（民一一一年）五月初版


ISBN 978-986-314-606-3　　10460

# 序　我的70歲紀念詩集——生身中國人的難得與光榮史詩

人生真如白駒過隙，突然就走到70歲。回顧過去漫長的歲月，真是酸甜苦辣，說之不盡；黑白和彩色，難以形容，就全都化成文字，在近二百本書中。古稀不敢做壽，以前媽媽說的，但出版一本紀念詩集，是走過的痕跡。

**明師難遇，佛法難得，生為中國人更難得。**

這是我在大學時代，我的國文老師說過一句讓我永遠不忘，也對我有啟蒙作用的一句話。更是對我這輩子，產生了很大的影響。半個多世紀來，我不斷在反思、體驗，乃至實踐這話的意涵。

中年之後，我開始把我的思想「文字化」，出版所有著作。在每一本著作的作者簡介都有這段話：以「黃埔人」為職志，以「生長在台灣的中國人」為榮；創作、寫詩，鑽研「中國學」，以貢獻所能和所學為自我實現途徑，以宣揚中華文化為一生志業。

我一生以「生為中國人」為榮，五千年文明文化，千萬平方公里山河大地，皆我所有。中國是我！我是中國，抬頭挺胸走在地球上，內心沒有小島的悲情，反而有幾分「自大」。

本書作品均曾在筆者多本著作出現過，今彙為一冊出版，當成人生七十的紀念，都是我神州行腳的記錄。

這本詩集就是以這樣的心情，悠遊在列祖列宗的土地上，兩岸一家親，在神州大地所見吾土吾民，都是親人，如是如斯所寫的頌詩。是我的真性情，期待與海內外十四億中國人接心。

台北公館蟾蜍山　萬盛草堂主人　陳福成　誌於

佛曆二五六五年　西曆二〇二二年　春　吉日

# 我的祖國行腳詩鈔

## ——陳福成70歲紀念詩集

目次

**輯三　二〇一一河南山西金秋六人行詩記**……

# 輯 一 二〇一九北京天津廊坊參訪詩記

## 啓航

我們是追尋祖靈的族人
信義、坤德、張屏、若鋆、珠延
淑媛、金玲、陽布
秀梅、麗霞、蓮霞、台客、
隘金、秀珍、世輝、增珊
佳儀、安邦、建業、立祖、小英
錦堂、淑貞、美枝
蜀禧、學明、進發
筆者恒與諸君同在
我們啓航
飛向神州
追尋烈祖烈宗的足跡
復興中華民族
實踐中國夢

我們駕雲踏浪而來
雲往神州飄
浪往神州湧
風雲浪潮或許有意外的方向
向異域奔流
但我們追尋烈祖烈宗的足跡
是絕不會走失方向的
祖靈呼喚得緊
我們對祖國有一份依戀
那是親情的感覺

我們在黑夜裡飛行
繁星閃爍是親人的微笑
而浪潮和風雲
起起落落
我們內心平靜
就像孩子在媽媽的懷裡

平靜、安全
北京、天津、廊坊
以及……
是我們許多族人的祖居地
是我們的心靈故鄉
長江、黃河……
泰山、華山……
北京的胡同……
山，我們記得
水，我們熟悉
人，我們都是一家人
我們啓航
為來看看家人
親吻我們夢中的神州大地
無論城鎮，無論村落
現代都會，傳統古村
我們總看到華彩和諧的人間
美麗大中華

烈祖烈宗的生身地
我們心靈的原鄉
愛，及於每一朵黃河浪
情，及於每一滴長江水
思，亦及於每一粒神州之塵土
我們啓航
呼應祖靈的呼喚
歌之詠之，舞之蹈之
滿懷思緒
多如太平洋之水
寫出的不到一滴

啓航，航向原鄉
懷鄉的思緒
生生世世在胸中不斷漲潮
白髮已三千丈
每一丈都暗藏一種神之州之風景
為方便找尋五千年前

祖居的地址
閱讀每一族姓氏的族譜史話
時光帶走每一代人
帶不走的是
中華民族的基因
基因始終指引著我們的航向

季節在代代輪迴中新生
新生不會改變航向
每一代的中國人
都在回應祖靈的呼喚
你們終於要回家
看看家鄉事
了解祖國的百年建設大業
今夜就在
廊坊花園酒店織一段中國夢
不論夢中或夢醒
一縷蓊郁的鄉情
都在胸中澎湃

# 拜會廊坊市台辦

## 相見歡

已過了中秋
這裡的氣氛很春天
名片還沒有拿出來
眼神已先遞出熟悉的名片
加上臉上微笑的語言
雙方已了然於心
你說唐詩
他道宋詞
你說李白杜甫
他道三蘇父子
整個會議室已春暖花開

## 統一兩座山

雙方相見的動機是為統一兩座山
統一是本有的共識
故能相見歡

兩座山
面對面站了半個多世紀
兩個都握緊拳頭
好像隨時準備要打架的樣
中間隔一道細細的海峽
更早的時候兩座山天天打架
打得頭破血流
人當然死得不少
幸好，半個多世紀來不打架了
但統一始終沒進展

兩座山
一座是超級巨大的山
現在已然壯大成世界級大山頭
另一座是很小的山
其實相較之下，不算是一座山
頂多只是個小土堆
小土堆把自己澎脹成一座山
有個部長說
我們可以放大成山脈

兩座山隔海而望
那姿態，好像有多少恩怨情仇
現在兩座山的代表們
都坐在廊坊市台辦的會議室裡
就是要談談
為中華民族的復興
為全體中國人的生存發展
為中國的繁強盛

不要再成為西方強權的口中肉
要把恩怨情仇全部放下
大家都要努力
不論大山還是小土堆都是一家人

## 寧共勿獨

在廊坊市台辦的會議室裡
兩小時的坐談
雙方領導發表談話
大家得到一個共識
寧共勿獨
未來也將聯合打擊台毒
讓邪惡的毒水
不會毒化中華民族的子子孫孫
兩座山都在反省
反省過去的不是
過去為什麼不願意面對歷史

還曲解歷史
假造歷史
兩座山説得眼淚要掉下來
掉下成江河

天色有些晚了
兩座山握手言歡
今晚也不醉不歸
我們臉上都散發著光輝
我們同文同種是同胞
共同的祖國
所以，座談會結束時
雙方再次確認
兩座山必須統一
寧共勿獨
是我們共同追尋的目標

# 參訪霸州

霸州不大
能為河北十強之一
也是一方霸主
你自春秋戰國走來
經千百年熬煉
乃成霸州
雄霸之州

走在現代霸州街上
不覺間抬起胸堂
儼然也是英雄
風的氣息拂過臉龐
迎面而來

是一朵朵花兒
朵朵笑臉
與我們都是第一次相見
已感到親切
閃耀著幸福的光芒
很想親吻腳下的泥土
抓一把聞聞
有媽媽的味道

我們走在河北十強街上
時間太短
面對繁華似錦的霸州
千年雲影瞬間從眼前走過
所有的風雨都往生了
大家彷彿走了很多路
只是錯覺
因為你只做了一個白日夢
就讚嘆

讚嘆霸州不是浪得虛名
我從一粒沙看世界
又從一朵花看天堂
當我們走過霸州的一座花園
我已看到世界的影子
也看見天堂的背影

# 安次區經濟技術開發區

有時候你不得不相信命
有人就是天生命好
天生下來就佔在一個戰略要點上
安次區經濟技術開發區
地緣關係得天獨厚
天生命好啊
當然，後天人為的努力更重要

安次的現代感
已然是超現代或後現代
走在街上
讓你覺得像一隻飛在天空的魚
我們悠遊於同一條河流

飛同一塊天空
愛同一塊土地
相同的渴望

走過另一條街
城市的公交站台
擠滿了到此觀光的背包客
許多會玩的魚和鳥
看上去都是黃皮膚
也有很台的
很港的
少數很洋的
更少有很倭的

我們參觀一座技術園區
有專業講師來介紹
聽起來像外星科技
或超現代了

我們這些老人家顯得落伍
只會和青山對話
也聽得懂祖國大地的無言説法

安次區天生命好
人們又肯努力打拼
創建成為省級工業區
發揮地緣關係的優勢
得以繁榮壯大
士農工商都實現夢想
我等今夜
也必織一段美夢

# 永清現代產業技術園

辦完了正事
我們化做一隻隻鳥兒
鳥獸散
難得的自由活動時間
走在永清現代產業技術園
園中的園中之園
飛來飛去
吃喝玩樂
一眼望去
眾多的鳥兒
我看到一隻最可愛的
停在一株花朵上
安靜的享受

## 園中的寧靜

這個季節的天色
在永清現代農園
展現了歷史上少有的風景
不論鳥或人
生活都那麼詩意
田園詩派在這裡復活了
人活的像鳥一樣自由
鳥活的像人一樣富裕
都有陶淵明的味道
這個都市型農園是永清的夢
到了永清
你才會知道原來傳說中的
永清夢，是真的
在這個都市型的現代農園裡
織夢是最大的享受

有夢最美
沒夢可慘了
所以各位看官旅人背包客等
若你想織一段最美的人生大夢
來一趟永清現代農園吧

觀賞永清現代農園
園景美得讓人醉
看花看景
看到醉你定是不相信
你一朵朵端詳
一張張拍照
等存在雲端時
天帝眾神看了也醉
你當然也不相信

世界上的都市就是都市
地球上的農園就是農園

而都市在農園中
農園在都市裡
這是哪裡
正是現代永清
神州大地一永清

現代永清是追夢園
傳統與現代合一
都市與農園共構
一家親
走入永清
你的日子不擦而自亮麗起來
每一刻都是美夢成真

# 雍和宮，衆佛來見佛

康熙、雍正、乾隆
還有章嘉呼圖呼圖活動
你們曾在這裡論說佛法
聲音還在這宮裡迴響
佛法雖有北傳、藏傳和南傳
但佛法不二
萬法歸一

大老遠已聞鐘聲
眾生都聽到召喚
古剎有神
神光已照耀四百年
就連幾株大樹

也因就近聽到活佛講經說法
長得特別高大神氣

章嘉呼圖呼圖的傳說
依然鮮活

生生世世流轉
永恆不老

我等二十七人也是佛
千載難有的機會
也來結一段佛緣

我們化一段佛緣
未來也把佛緣轉化給別人
把恆久的慈悲
傳揚四方

二十七個佛的心願
供養一朵蓮花
佛與佛必能接心

此刻我等，無住生心
自在如一
感覺似無來，亦無去
卻在我們內心
升起唱經的聲音

人生有如少水魚
我們北京天津行少了多少水
少掉了水
得到了一段佛緣
人生一輩子
值得、值得！

# 北海

說北海，即非北海
是名北海
自古以來是皇家後花園

今天我們演一回皇帝
到北海賞花看景
果然，這裡花非花
景非景
如夢似幻
為何叫北海
因為你所見如夢幻
湖看成海

我們一行在海中閒逛
看見有光
有人做了白日夢
靈魂之光、旅人眼神之光
星星、月亮、太陽
聚於北海
今夜就在北海織夢吧

# 什刹海

什刹海是眾神加持的海
海非海
是名海
海的四周住著眾仙佛
廣化寺、火神廟、護國寺、保安寺
真武廟、關帝廟、佑聖寺、萬寧寺
石湖寺、萬嚴寺

坐在什刹海一角的涼亭
沈思，或入定
與眾神接心
真武大帝、關聖帝君、火神
以及佛

他們也一定常在什剎海
散步，或講經

我等一行在這座海中
航行，聽聞
海，說了什麼
海會說什麼？海的無情說法
誰聽得懂？

# 煙袋斜街胡同

民心的方向
民生的真相
都在這胡同中
自然呈現

彎曲的胡同裡
閃著古銅色的霞光
年代太久遠了
或許遠古的北京人
也住這裡
吸這裡的煙
這是我走一段煙袋斜街的感受

大家零星閒逛
昂首看有霞煙的天空
逛胡同的人
比魚更悠游
比鳥更自在
兩小時已經走過宋元明清
到民國
發現許多歷史課本裡
不寫的真相

在街角斜對面
標示一家煙樓
想來，滿清末年那些政要
都在這裡吸煙
帶動全民吸煙潮
國家被吸垮了
煙樓成為一座警示

古銅色、灰黑色的牆
是時光耕耘留下的證據
還有牆面的光痕
透露出什麼秘密
胡同是一條時光隧道
找尋歷史真相
來逛就對了
體驗真實庶民生活
來住兩天就對了

煙袋斜街
是所有胡同的縮影
把一個傳統時代
典藏、停格
永恆不老

# 吃北京便宜坊烤鴨

光是香酥脆
就是幾百年的智慧
結晶，吃不膩
有一種
黃山歸來不看山
吃過北京便宜坊烤鴨
歸來不吃烤鴨了

歸來只會想念
想念一隻鴨在大灶爐的烤煉
通過廚師加持
香味就打通了歷史時空
抓住了每個時代

眾人的胃
名傳千里

吃北京便宜坊烤鴨
以香酥脆為地址
所有慕名而來的人
想吃的人
不管你住在地球的那個角落
你必能聞香而來
不需導遊帶路
香酥脆自然引你成為
便宜坊的坐上賓

便宜坊烤鴨在演化中
如今演化成一套
北斗系統
想吃北京烤鴨的
都自動導航

不約而同
情不自禁
一個個走進便宜坊大門
真神啊

回到台灣才沒幾天
便宜坊烤鴨演化成
一陣陣鄉愁
懷念便宜坊的好茶
便宜坊的好酒
便宜坊的親切
解開鄉愁的藥方何在
唯一的解方
我們商討再到北京
專吃便宜坊烤鴨

# 王府井大街

就是一條老街
很老，有幾百歲了
這麼老了
從來都不生病
住在這裡的人都稱王
喝著井裡的長生不老泉水

走進這條街
心情很快回到古典
走幾步
有的人就過宋元明清
有人走進時空隧道
竟回到漢唐

走啊走
很快了我是誰
我是旅人還是樵夫
走進一家酒館
有人吆喝著
仔細一看
原來是明朝十王
現在改行當酒保
不領朝廷薪水
只賺觀光客白花花的銀子

人潮帶來錢潮
各種商品
從幾千年前到二十一世紀
應有盡有
街的年歲很老
街的氣氛充滿活力

像是人人都在打拼
打拼，實踐中國夢
中國夢，是每家商鋪老闆的夢
是王府井大街的夢
是我們大家的夢

走進一家古董店
這裡販賣古老的歷史
歷史課本沒記的
這裡都有
我們聽老闆講老街的故事
仿佛宋元明清每個時代
他活過、走過
他是王府井大街的活歷史

# 北京孔廟（國子監博物館）

在吾國歷史上
我最敬佩的人就是孔老
幾千年來
從秦始皇開始
就有一批批人要打倒孔家店
最後都自己先倒
孔家店照開
永恆不倒
成了吾國歷史上開最久的店
能不敬服孔老嗎？

現在南蠻小島上
一群台獨偽政權的妖女男魔

也正積極的在打倒孔家店
胡搞「去中國化」
說孔子是外國人
從各級學校教科書裡
清除掉儒家文化
一群喪心病狂的台毒啊
去孔化、去鄭成功化、去媽祖化……
禮義廉恥、仁義道德
都是封建遺毒
棄之如破鞋
小島將重回石器時代

同樣是在北京
在孔老現在坐的位置上
才不過幾十年前
大批不知道自己是誰的中國人
成天示威遊行
也是要打倒孔家店

要把四書五經丟到矛坑裡
孔老坐在位置上
不為所動
無懼於邪魔歪道橫行
時間是終極考驗
最終孔老依然高坐北京孔廟大位上
成為一尊打不到的神祇
而那些要打倒孔家店的牛鬼蛇神
不知死到那裡去了

中國人經二千五百多年檢驗實證
孔子思想已成中國文化象徵
儒家文化是中國文化的核心
凡是違反儒家文化的政權
都是不法政權
非中國人所要

# 景山公園

這是美麗與哀愁的公園
康熙大帝登景山作詩曰
雲霄千尺倚丹丘
輦下山河一望收

比康熙早些時候
明崇禎皇帝到景山
上吊自殺
終結明朝

現代登景山的觀光客
為一覽北京城金景
為一眼金方位看盡紫禁城

把感傷還給歷史

登景山不是爬山
登高只想遠眺
想和山上的樹站在一起
讓自己有孤的感覺

終於登上了景山
旁邊有導遊的聲音
說了康熙大帝、崇禎皇帝
又說了溥儀、馮玉祥和江青

景山的故事說不完
我是來看風景的
也成為別人的風景
這裡的樹木和風雲都是故事

崇禎皇帝上吊自殺的

那棵歪脖子樹
最是感傷，至今不明白
他為什麼要死在我身上

今天景山人多
山上的風沒有秩序
一會兒東北風
一會兒西南風

大家都說上了景山
能把握北京全景
但北京今日吹的什麼風
難以預測

# 台灣同胞聯誼會（北京台灣會館）

這裡是台灣人在北京的家
滿清時代
台籍進士施士洁倡議創建
隨著時代演變
台灣人在北京需要更大的家
現在的北京台灣會館
是台灣同胞在北京聯誼之重鎮
從北京擴散
台灣人大膽西進
在神州大地創造光輝的大業

台灣人要擁抱神州
親近神州山河人文

我們是世界之泱泱大國
有五千年文明文化之現代大國
物產最豐之國
台灣同胞來聯誼
也來挖寶

我們都是台灣同胞
現在來到台灣會館
也想來尋寶
不知寶物何在？

台灣人要來認識自己祖國的寶
一千一百萬平方公里的土地是大寶
土地下藏著金、銀……鈽土是國寶
李白、杜甫……孫中山是寶
五大發明都是寶
我們的九流十家是寶
五千年文明文化那樣不是寶

十四億同胞，個個都是民族之寶貝
每個省、縣、市都有無盡寶藏
台灣就是個寶島
我們中國的寶貝說之不完……

北京台灣會館
亭台樓閣、花木扶疏
滿園紅花綠葉
都為歡迎你的到來
歡迎你回家

# 逛前門大街

北京前門大街
為什麼沒有後門大街
因為這裡的人
做任何事都走前門
不走後門
前門大街
好熟悉的名字
定是上輩子走過
隨著直覺的腳步
賞寧靜中的繁華
看寂靜在街角的熱鬧中
一家古董店出現在眼前

販賣失落的世界
或拍賣歷史
不覺間我們穿透時空
走進一個朝代
朝代很古老
因為眼前的夢很古舊

走在人群中，走散了
獨自一人散步
在自己的國度裡
怎麼走也不會迷路
這些街道、土地、風景
住在我心中幾十年了
就像一個老朋友
雖久不見面
只要真情在
就永遠不會忘記

靜靜走在前門大街
看著滿街都是寶物
一定有你喜歡的
記得，走前門大街
不要走後門

# 向總理孫中山獻花致敬
# 並報告中國現狀

台灣地區中國全民民主統一會
會長吳信義率會員代表向 總理
孫中山先生獻花致敬並報告中國現狀

我們的總理，永遠的總理
你在哪裡！
海峽兩岸子民都在想念你
全球中國人都在想念你
我們只能對海峽浪潮大喊：
總——理——
大海有了回音：

他正要重組中華革命黨
我們又對著神州大地喊：
總—理—
大地巨大的回響：
他正忙著創建黃埔軍校事宜
親自清點五百支步槍
命蔣中正任黃埔軍校校長
總理，我們永遠想念你

總理，你知道嗎？
你創建的中華民國
本來有一千一百多萬平方公里土地面積
一九四九年後中華民國流落台灣小島
面積剩下三萬多平方公里
現在更慘了
中華民國被妖女男魔偷樑換柱
現在只剩一個空殼
一個空名的中華民國

妖女男魔說你是「外國人」
台獨意識高漲
毒害下一代
遲早有一天，連中華民國之名也沒了
如破鞋般被丟棄
尊敬的總理，你說傷不傷心

總理，雖有傷心的地方
卻也有安慰、樂觀的一面
想當年，你最得意的信徒蔣中正
把江山讓給共產黨
那是你曾經「容共」的黨
他們自稱也是你的信徒
中國在共產黨治理下
大家都說：三民主義的理想在大陸實踐了
你的建國藍圖、實業計劃都實現了
中國已然崛起
中華民族已然復興

中國夢就是所有中國人的夢
也是總理你革命四十年的夢
總理臨終的遺言：
和平、奮鬥、救中國
如今中國已然得救
是共產黨救中國，國民黨應也樂觀其成
只要中國得救，成功不必在我
總理，你說對嗎
中華民國和國民黨現在也靠共產黨救
形勢比人強啊！總理

總理，全統會的成員也都是你的信徒
全統會的宗旨也是中國統一
而且堅持「寧共勿獨」
相信統一是不會等太久的
今日中國在某些方面已「超英趕美」
不久的未來必定完成總理的夢想
也是全體中國人的夢想

此時此刻，這吉日良辰
向總理獻花致敬，報告中國現狀
祈願，總理佑我中國
早日完成中國之統一
中華子民永遠想你

# 二〇一九北京世界園藝博覽會

園區太大了
比很多國家的領土還大
超大的植物園藝世界
新世界的奇幻之美

午後，在花園的雨林中
走進外星園林
有霧自林園飄出
水聲合唱天籟之音
綠林和紅花各自站立
美姿演出

這裡的一切都在寂靜中

聽見一片落葉的道別
鳥兒以歌回應
轉一個彎
好像從熱帶園林進到寒林
那些奇花異草
天生不怕冷
雪光迎面
無數水珠在葉上一閃一閃
這是哪一個國

有蝴蝶總是迷戀著花園
在園林裡開舞展
秋風中翻飛
是兩隻真實的蝴蝶
或莊周所夢
她們相互追逐
吸引觀者目光
這是世界園藝博覽會

節目單上所沒有

世界園藝博覽會
是整個山河大地美景的縮影
一種夢境的實踐
這是中國夢吧
只有勇於織夢的民族才辦得起
如此規模的園藝理想國

我們在這園區裡擁抱美景
用平靜的激情
唱高亢的歌
歌我中華
神州大地就是自然的博覽會

# 長城頌

一到居庸關、八達嶺
就聽到祖靈的呼喚
炎黃老祖秦皇漢武傳話
子孫們
我們生命一定有個出口
長城活了
巨龍醒了
祖靈的回聲
保持靜肅，聽
就在二十一世紀
神龍自神州大地飛騰
飛騰於虛空
抓得住整個地球

這是祖靈的聲音
我們聽到了

長城醒了
千百年爭戰
城牆到處是傷口
千百年之殤，醒了
正在恢復中
崛起
我們開始打通龍脈
打通山河江水
五臟六腑氣血全通
進而
準備打通地球
長城醒了
長城敢於向地球鬥爭
巨龍醒了

從居庸關長城腳下走過
地平線上突然一驚
是否戰事再啓
蠻荒的天空舞台上
出現新的戰場
敵人從海上來
強大的黑鷹正展示武力
不論何時何地
不管哪個朝代
敵人都在窺視
巨龍醒了

長城醒了
貼緊神州大地
長城，就是你
你的心跳聲
驚醒了所有的眾生
連簌簌小草都聽得見

土地也聽見
但在歷史上，你
經常患呼吸中止症
你心不跳
大家的心也不跳
民族之危亡啊

命運，什麼都是命運
也太沒志氣
男兒當自強
你是中國的脊樑
你始終守護著中華民族
你是我民族的事業線
起來，站出來
向命運挑戰
不管敵人從北方來
或從海上來
吾等無懼

只用一帶一路
就把地球抱在懷裡
全球中國化

不可否認的
長城醒了
巨龍強大了
還是有不少殘磚斷瓦
跌落的磚塊
仍在地上沉睡
或被農民搬去當童養媳
古風在荒煙徘徊
枯衰的靈魂在老樹上
找不到巢
找不到家
有些龍族仍在沉睡中
有些是迷失了方向
還有些是中毒了

騰飛的巨龍
有些被光陰盜竊一空
剩下想像
有些被禁足在博物館中
供人觀賞
沉睡不醒
歷史袖手旁觀
只有找化石考證
化石也灰飛煙滅
成為一段空白

我們在城牆上散步
才幾步已然走過三千年
三千年滄桑
都堆壘在城牆上
歲月深深
都深陷在光陰紋路裡

失落的歷史
都在磚塊上
在土地下
誰來閱讀

崛起啊巨龍
再一次崛起
你的崛起是第幾次了
這回你掀起新造山運動
把龍族從安詳中喚起
閃電般抖抖身子
迎接崛起
又輪到你當地球大哥

# 天壇，我們也來祭天

皇帝祭天
我們平民百姓更要祭天
到天壇祭天最靈
有求必應

大家都到天壇祭天
人人所求不同
唯我無求
天不説話
我只能獨白
感覺一身輕飄飄
今人很快成古人
我會惦記

今日與天神交會的因緣

面對天神要誠實
打開孤寂的心扉
向天神説什麼
都保密
我們走過神州大地
邂逅了歷史
知道皇帝祭天求什麼
不外國泰民安、風調雨順
平民百姓求什麼
不外身體健康
再就是發點小財吧

我們走馬看花
導遊在介紹天壇的故事
大家有聽沒有到
有一個人在祈禱

像一株草低頭合十
他說了什麼
天知道
奇蹟沒有發生
今夜大家安祥入夢

懷著感恩的心情祭天
我們還能平安健康活著
據聞，地球暖化的關係
老天爺越來越不爽
變臉無常
災難越來越多
我們求天不要降災
天說：此乃人事，並非天意

# 狗不理包子

面對熱情冒霧
白泡泡、幼嫩嫩的情人
在你眼前
不忍咬她一口
不咬一口，心癢癢

細白的皮膚
是怎樣保養的
白了眼前的朦朧
溫暖的雪白
又有香氣飄出
吸引各方眾生
狗，已改變了態度

忍不住了，吃上一口
就是和情人接吻的感覺
閉上雙眼
含在口中，軟綿綿的她
在你嘴裡
你和她心連心
感受相同的激動
一股香氣
在二者之間散發
你不相信這只是一個包子
包子哪有這等境界

又吃了一個，再一個
四周的人讚嘆
這是誰做的包子
咬一口，又咬一口
與情人接吻

永不覺得少
吃到飄飄欲仙
說了你不相信
吃一口，才覺自己的存在
我吃，故我在

最初，狗不理
現在，狗已後悔
狗和人合作
壯大一個品牌
且穿透時空
將恆與歷史同在
與每一代的人玩
親親遊戲

# 天津之眼摩天輪

那是天空之眼
天老爺之眼
引領我們仰望
仰望藍天白雲
思索著
你心中的神
用天眼俯視眾生
我和眾人一同仰望
未見我心中之神

那是宇宙之眼
在晚上的時候
黑夜的天空懸著一輪宇宙的眼睛

在夜之海流動
比光速慢
晃動著
漂來一朵雲
宇宙之眼變成雲海中的幻影
一閃一閃亮晶晶
感覺航行到了銀河系

那是航天飛船
不知要航向何處
我喜歡宇宙旅行
就上了這船吧
可以伏在窗口
觀賞每座星系
遠離了藍色星球
是什麼感覺
飛到最高處
藍色星球越來越小

終於成為看不見的沙塵
從夢境回到現實
忽聞有人喊著
到站，下車了

天津之眼是天津人的夢
中國夢的小小縮影
許多觀光客的夢
凡是想織夢圓夢的
就快乘上天津的
航天飛船

# 尾聲

帶著感恩的心回家
不是出國
也不回國
只是回家

我們走過神州大地許多地方
不論那個角落
都是我的國
我們的國土
中國是我們的
我們就是中國
我們對這片廣闊的江山
只有一種心情

愛
友情、親情、愛情
民族之情都有
就是愛
打從骨子裡的基因
就是愛

我們回到家了
家，仍是神州大地一角落
四季有歌聲
是長城謠
讓人醉的歌
以及五千年的故事
一輩子聽不完
就閉上眼睛聽
有如想念一個夢中情人
我們也永遠想念著
此行，北京、天津、廊坊

結下的好因緣

我們都記得
為何而來
為中國之統一而來
為實踐中國夢而來
為感受二十一世紀是中國人的世紀
而來，而去、而生

# 頌，中國全民民主統一會

頌！中國亞全民民主統一會
滕傑、陶滌亞、王化榛、吳信義
你們開天闢地，守護家園
你們上承三皇五帝、秦皇漢武、李杜三蘇
把中華文化傳揚
把兩岸同胞融合

滕傑、陶滌亞
先賢先烈，全身烈焰
從戰火中走來
河山
所有的空間滿是彈孔
所有的時間都是砲擊

邪魔勾結倭寇
白骨堆成的河山
長江黃河怒，水都沸騰
怒江亦怒
怒氣未消之際
已被一個大時代的怒濤巨浪
沖向南蠻孤島

休息是為了走更遠的路
休兵是為了再壯大
整軍經略是為了收拾舊山河
誰知道時間也會殺人
殺死了偉大的領袖
殺死了領袖的兒子
群龍無首，歪道橫行
滕傑、陶滌亞先後起而奮戰
以「中國全民民主統一會」之名
發出一道合乎吾國吾族吾祖思維

神咒旨令
「寧共勿獨」
有效時間：千秋萬世
負責執行：中華兒女，子子孫孫

滕傑、陶滌亞
你們現在是中國人的精神典範
吾取五嶽之土
雕塑你們的超凡神像
只是我們不要把你倆神格化
因為我怕、怕
我們酒喝多了，太高興了
忘了使命，失了勇氣
你倆得冷峻地看著人間
盯著我們所有會員
只有冷峻、理性的民族精神
就算你倆心中充滿愛
也只能公事公辦

救國家、救民族
讓廿一世紀成為中國人的世紀
寧共勿獨啊！

王化榛、吳信義
前領導和現領導
都是我們的老大哥
你帶著我們、我們追隨你們
找尋未來的中國夢
在這夢境
我們不想去玩誰、攻打誰
我們玩玩平等的遊戲
向人展示
西塘明月、烏鎮漁火、周庄幻境、婺源秋色
西湖斷橋、宏村桃源，以及神州四極風光
找尋這個夢很難嗎？
是有點難

這個夢，我們找了五千年
高興過、失望過、迷茫過
但從來沒有放棄過
有時候，好像要圓夢了
又分開
不久似又合而為一
來一陣魔界黑風
又吹散了
這些年來，王會長、吳會長
帶著大家努力追夢
寧共勿獨

中國夢
也是中國全民民主統一會的夢
我們共同在做
這不是白日夢
睜開眼、人清醒，你所看到的世界
全球中國化

都是一步步接近夢想成真的喜悅

頌——
中國全民民主統一會

頌——
滕傑、陶滌亞、王化榛、吳信義
大法傳承
在南蠻亂邦
在越來越黑暗的地方
我們點起一盞光明燈
絕不要讓黑暗佔領所有地盤
點燃一盞燈
也可以北望中原
可以實現中國夢的地方
必然也是一片光明
照亮全球

再頌——

中國全民民主統一會
因為你的愛
愛炎黃的血緣從你的先祖傳到你
你的體內流著炎黃的血緣
因為你的愛
愛中華文化，愛先祖住的神州大地
我們的土地、我們的文化
我們的子民、生生世世子孫
快樂生活的天地
我們怎能不愛？
中國全民民主統一會，頌！

# 輯 二 二○一七廣西旅遊詩記

2014 03 25

# 詩寫廣西八日遊記行

二〇一七年八月七日到十四日，「中國全民民主統一會」會長吳信義兄長，率會員三十餘人，參訪祖國廣西。主要參觀景點有：南寧崇左市友誼關、龍州明江船遊賞花山壁畫、明仕田園、德天瀑布、靖西通靈大峽谷、舊州、鵝泉、田州古城、百魔洞、長壽村、船遊百鳥岩、南湖名樹博覽園、廣西博物館。起程和回程都經澳門，所以澳門各景點也順道一遊。

筆者因別有要務，未能同行。但已答應為「全統會」這次廣西八日遊，大家寫遊記心得出版編輯之主編。為充實本書內容，筆者依會員所見補記若干。

每一景點都寫成一詩記之，這主要是廣西各景點，甚至是祖國大地山河海洋、人文勝蹟，吾，無所不熟，無所不知，俱在吾心上，作品自然順手寫成。如是回答質疑者，未知滿意否？

身為主編當負起責任，感謝所有寫稿、照相的人，感謝會長吳信義兄長手痛不便仍擔任領隊，感謝秘書長陳淑貞小姐辛苦承擔行政工作，感謝會員也是出版家彭正雄老哥為本書出版盡心盡力。

中國全民民主統一會會員、臺北公館蟾蜍山
萬盛草堂 主人陳福成 誌於二〇一七年八月底台北

# 壯族崇左市之夏

這裡的鄉親好熱情
量一量溫度
最少今夏最高溫
再加兩個太陽
太陽滿街
微笑如春

大青山、公母山、十萬大山
眾山神加持
左江、邕江的活水提神
族人乃壯
個個頭壯壯，心美美
感染市郊山水景色怡人

今夏我心在崇左
不左不右的夢境
走過街角的瞬間
一壯族姑娘的美目與我私奔
微風輕拂，酒香飄來
這一剎那是今夏崇左傳世之永恆

# 詠友誼關

當友誼關向我伸出親切的友誼
我生性好奇
想知道這位大兄的前世今生
於是我啓動神通，穿透時空
謁見三皇五帝……秦皇漢武……
一路請教、問道
西漢播下友誼的種子
這友誼的種子在神州的土壤慢慢長大
乳名叫雞陵關，小名叫大南關
學名叫界首關，後改鎮南關、睦南關
最終歷史給他的定位稱友誼關
向四周的朋友伸出友誼

我們是一群來自寶島臺灣的友誼
我們的友誼價值無限多
我們的友誼珍貴超過沙漠中的水
我們的友誼含有最貴重的元素
炎黃的血、孔孟的道、還有
李杜三蘇的情意

友誼和友誼接軌
真情與真情愛戀
隘口村的美景和我們的雙目邂逅
眼睛竟回不來了
雙腳也隨著湘桂鐵路穿越峽谷
兩足竟也不回來了
剩下聽覺受我管控
我坐在關口的小酒店裡
窗外靜謐成
天籟之音喚醒我沉睡的聽覺
友誼在餘音嫋嫋裡
歌詠千百來年來的友誼傳奇

# 遠觀花山崖壁畫

## ——遙想壯族老祖先

你們船在水上行
人在畫中游
狩獵、捕魚
不管時空怎樣流轉
二千年過去了
把徐霞客和許多旅人的讚歎
還有蟲魚鳥獸家畜
彩繪成一幅幅壯盛鮮明的花山崖壁畫

世上無情風雨無止息的呼嘯
多少生靈事蹟早已消逝散滅

壯族歷代先祖守好一盞燈
照亮壯族壯麗的一方世界
成為神州大地一亮點
我乃當今之南蠻邊陲徐霞客
眼睛，繪入了花山崖壁畫
心思，被壯族祖靈牽引

# 明仕河・田園・竹筏

傍晚，明仕河盤旋成一條龍
把大地當天空飛
晚了，蜷曲在暮色裡
忽然的，一陣風吹過獨木橋
那風帶著田園氣息
竟很快洗淨了凡塵侵擾
也許今夜我和親密愛人就等這陣風
這裡的風，怎讓人如癡如醉
在隱隱約約的風裡吹你入夢
夜，不可說的甜蜜和自然

早晨的田園
如走進西方淨土

啊！就是東方淨土世界
牧童和牛走在鄉間小路上
我們是牧童、是牛還是徐霞客？
農夫荷鋤在翠竹下
我們和農夫翠竹河流共成一幅淨土美景圖
桃花源何在？小桂林何在？
我在明仕河竹筏上見
遠處翠竹林有炊煙正裊裊升起

# 德天瀑布

德天瀑布以亞洲盟主的姿態
跨坐兩國邊境
主盟這裡的山河大地和風雲顏色
平常水勢緩流
乳白水花如水晶珠鏈
歸春界河的風雲
在水面緩緩飄動，一如仙界
灘中小島靜靜的，在禪定中
奇石在綠翠如茵的舞台展演千姿百媚
江面彩勢與風雲共成一幅天馬行空圖

德天，得天之獨厚
如畫如詩

寫意，潑墨，狂草……
風雲變換間，這裡生成一個太平洋
晴雨偶爾打開另一個世界
一大片一大片的天空沉下來
化夜黑為山，化繁星為小島點點
化白晝為水，化彩雲在水晶裡漂流
德天，我目睹你的靈魂，得天之加持
你回應眾多徐霞客以恆久如新之奇幻愛意

# 通靈大峽谷

一條地底神龍
從古龍山水源林自然保護區向南穿越
駐／蹕靖西湖潤的新靈村
在此指點江山
進而策劃必須執行千萬年的地下造山運動
終於串通五大峽，亦謂五大俠
合成　通靈大峽谷
俠俠都通靈

念八峽
他念念不忘的
要與天下所有的徐霞客保持
心有靈犀一點通

神通　通靈　通天地
峽谷兩側拱形石崖緊緊連通
你的眼——神通

銅靈峽
從巨大的地底暗河飛昇
凌空千變的姿態媚誘你
其實他已是萬歲萬歲萬萬歲
巨大的鐘乳石
以穿透時空的功力抗衡地球
懸掛在虛空中

古勞峽
高懸的瀑布，其高無頂
深潭向下跌落，其深無底
無頂無底無邊
自成一奇幻宇宙

新靈峽
水天一色，幻境生花樹
潭水幽靜，一如我靜謐的詩句
遠處瀑布激起的水雲靈動
飄過來的
竟有酒香

新橋峽
千匹巨大的白簾自九天之上沉落
沉落　在潭面　無影蹤
又如有雪花飄來
飄在唐詩宋詞裡
正是這新橋峽的味道

# 舊州街幽情

一幅中國傳統國畫在這裡佈局
一道道山水的包圍
落座於喀斯特
宋元明清的古意依然鮮活

這裡專生產繡球
並無美女拋出
拋出的是山清水長
以人為美景
才使舊州永恆如新

舊州街的情意
從傳統走向現代
今夜，我倆在一現代民宿
思古幽情並解飢渴

# 鵝泉蜜情

何處能醞釀最甜蜜的私情？
與妳在鵝泉泡著
泡上一整夜
妳的微笑像早春的鵝泉之花
我們不立文字　教外別傳
蜜情永遠在鵝泉泡著
不思議　不可說

可說的是地裡
鵝泉生德天瀑布和珠江
另有兩姊妹
大理蝴蝶泉和桂平西山乳泉

註：鵝泉，在廣西靖西縣城南五公里的鵝山山麓，與大理蝴蝶泉、桂平西山乳泉，合稱我國西南三大名泉，為靖西八景之一。鵝泉，也是德天瀑布和珠江的源頭，風光幽靜隱密，最適合情侶來，很快就泡出蜜情。

# 田州古城謁抗倭女傑瓦氏夫人

你是古城
從未作古
仍以年輕親切的活力
吸引天下徐霞客們來訪古
聽你說古道今
你這不朽不壞說書人走過幾千個年頭了

故事深陷在時空的罅隙裡
城門深深街道深深
灰色石牆砌起
右江革命史的滄桑
而今，是左是右
歷史仍吵個不停

你說右江千百年來
有貨在此運轉
古城街上的旗幟飄著兩個斗大的字
茶和酒
如今最有價值的觀光資源
還是那千年不壞
你我心靈神會的東方古典

田州古城有更偉大的特產
這裡是中華民族英雄豪傑的產地
最特別的一位是巾幗女英雄
瓦氏夫人
妳本是一位如花似水的女孩
何樣風雲使妳不凡

倭寇鬼子吃了熊心豹子膽
入侵大明江山

國難當頭
妳竟以鋼鐵的意志
淑女瞬間變鐵漢
率六千俍兵滅四千倭鬼
妳是大明的兒女
妳是壯族最聖潔的靈魂
妳是所有中華兒女永恆的典範

說書人說得讓人垂淚啊
我們感同身受
想想，在那個年代
一介女子奮勇而起
走出閨房
又以神州山河為閨房
取陽光和大地土當成胭脂紅粉
雨水就是香水吧
我們只是順道拜謁

起心動念間
炎黃老祖、秦皇漢武等中華祖靈
與我通靈、接心，傳旨
將妳英魂分靈、分香到臺灣寶島
臺北設「瓦氏夫人總廟」
餘各地可立「瓦氏夫人分廟」

新世紀以來倭寇鬼子又陰魂不散
企圖發動第四次滅華之戰
染指臺島
一群賣臺媚日的漢奸竟背叛祖宗
瓦氏夫人
祈求以妳抗倭滅倭之親身經驗
對這些罪人開示，回頭是岸

如是我聞
所有在臺壯族人們
海內外中華兒女、四海中國人
追隨瓦氏夫人英靈

消滅全部倭鬼，並收該列島為
中國扶桑省
從此，亞洲永絕後患
世界和平

註：瓦氏夫人，本名岑花，廣西壯族人，嫁同州岑猛，改稱瓦氏。生於明宏治九年（一四九六），明嘉靖三十四年（一五五五）逝世。瓦氏幼讀兵書，精通兵法，明代倭寇鬼子來犯，瓦氏率六千俍兵，殲滅四千倭鬼。她是廣西歷史上最著名女英雄，「俍兵」即狼兵，是壯族的地方軍隊，也是明朝軍制內的「特種部隊」。

田州古城，位於壯族自治區百色市田陽縣，右江河谷中游。田陽也是壯民族發祥地，抗倭女英雄瓦氏夫人的故鄉。

詩中所述瓦氏夫人分靈臺灣，現在只是詩國裡一介詩人的構思，其實踐機會就看兩岸壯族人的因緣了！

詩中所提消滅全部倭鬼，收該列島改設「中國扶桑省」，這是吾國自元朝以來該完成而未完成的「歷史使命」，是中國人的「天命」。必令日本亡國，滅大和民族，重建該列島為中國之一省，從此亞洲各國永絕外患，世界和平。所謂「大和民族」，實是「大不和民族」，乃地球上不該存在的物種。在本世紀中葉前，日本這國家必亡於兩種方式（因果使然），一者天亡之（十級以上地震），二者又發動戰爭被中國消滅，成中國一省。

# 百魔洞裡住百仙

我們一行人等瞬間
到了不似人界之奇幻之境
魔界、神界、靈界、天界
難說之境界
巴馬甲篆「天下第一百魔洞」
集宇宙各星球之絕美於一洞

有石筍擎天
萬年鐘乳石構建為一大城
良田萬頃，一望無垠
孔雀迎賓，岩溶地質活成一隻隻靈動之鳥
金山猴王，牠們不想進化離洞了
杜甫吟詩，李白東坡陸游等都靜聽著

還有千百神仙在此修行

這是洞嗎？
非也
這是一個地下宇宙
我們經由「蟲洞」
穿梭於三界二十八重天
所見筆墨難言之境界

# 巴馬瑤族長壽村人

這裡的人就算從滿清走過來
也還沒有準備要老
因為那些讓人叫老的敵人
腰痠、背痛、失眠、失智、三高、退化……
在外面的世界
比美軍入侵伊拉克的兵力還多
但在吾村環境裡難以存活
我們享用淨土般的陽光空氣水
自然甜美般的親情和人情

這裡的人和大家一樣都是人
有少年狂妄
有中年從容
樂天知命，不知有老
你問道於大院門口的百歲老奶奶

西窗外的夕陽照見了你的疑惑和焦慮
又一群年幼孫孫輩吵著老奶奶說故事
瓦氏夫人抗倭滅倭完結篇還沒講
老奶奶說著，就開始說下去了

註：巴馬瑤族長壽村是世界五大長壽村之一，這五大，中國有其二，另一在新疆。

# 船遊百鳥岩·過陰陽兩界

這一刻，乘船而來
過陰陽兩界
風雲變換到達極致
而時光凝固成
百鳥岩

船行於碧波光影之海
時而轉換成洞中之洋
天窗有黑白輪迴
視界有陰陽交替
幻妙如西方極樂世界

這一盅茶功夫

你重見天日
你如夢初醒
隔世再生
出現一個不一樣的你

# 廣西博物館

來看這博物館
一夜驚魂
有關民族的
所有的死亡都在此轉世重生
所有過去的時間都通向現在
被焚毀的物質轉換成一種美學

所謂物質不滅定律
所謂能量永恆存在
　在此得到見證
來看這一個民族崛起的
窗口
一見驚魂

# 南湖名樹博覽園

這裡的樹自動自發團結起來
產生地球進化史上最大影響力
竟讓太陽失溫
又使地球暖化惡勢力恐懼
佛肚竹、南洋衫、大王椰、佛樹、蒲葵……
以及臺灣相思亦回歸並落地廣為繁殖
如是得名而成標誌性博覽園林

我步行林間
頭頂夠到藍天
吸一口清涼空氣
有如產自西方淨土的味道
肺領導著全身細胞都鮮活快樂叫好
眾樹高興得跳舞相互擁抱
配合微風、鳥鳴合唱廣西民歌

# 澳門景點有感

東西放得夠久變古董
價值連城
恥辱放得夠久
麻木成一種鈔票
人潮即錢潮
恥辱也就成為老古董

大三巴牌坊
當年帝國主義的先頭部隊
聖保祿奉天主之命
在此牧羊
那時，這裡的羊群
又飢又渴，好可憐！

最可憐是沒有家，家得不到國的保護

盧家大屋
中華文明典型的建築風格
在西風中
搶一席之位
總算也能立足於異文明之陰影裡

玫瑰堂
那時西方眾神的領導們
在此辦公、開會
製訂了一套大戰略構想
研究如何打敗佛祖、媽祖、觀世音等
甚至三公、土地公等全部要消滅

註：中國民間信仰的「三公」，即堯、舜、禹三聖

# 漁人碼頭

碼頭是戀愛和失戀的地方
我來此找尋一段失落在古代的情意
我知道，女孩的歌聲
仍在此守候
守候過往的船隻，守候
一個妳我共同的夢境

碼頭一再重建
妳我心中也有一方碼頭
從未改變
我請春天送花給妳
漁人老了，船隻舊了
尚未見妳的回音

# 我愛妳

我說我愛妳
不是妳，也不是她
是廣西，廣西
我愛妳

我們距離很遠
我們從未見過面
所以有人說我不能寫情詩說愛妳
別聽人家鬼扯
妳始終在我心上
是我的心上人
住我心一個甲子多了
怎說我們沒見過面
啊！我愛廣西

儘管歲月如梭，滄海桑田
我始終愛廣西
如妳，廣西，絕不會變心成廣東
如我，一個詩人的真性情

# 廣西情歌　大衆情人

我們來了
我們不想回去了
也不出門
關在我們的世界
聽廣西情歌、賞廣西情人
沉魚落雁

我從很遠的地方
揚棄紅塵
為到廣西聽你唱情歌
聽你説瓦氏夫人的故事
我換上新衣
畫一彎漂亮的眉毛
只有一種表情
愛

我到了
百魔洞裡住百仙
洞外有花果山
有樹葉落下，不落地
有陽光灑落，光不流失
奇跡啊！奇跡！

歌聲飄來
誰醉了
旅人、小鳥和我們
我也說一則瓦氏夫人的故事
故事和情歌
唱成一支支催眠曲
閉上眼睛
只能想妳
有妳，就有夢
有妳的夢
才能安祥安睡

其實
我是為妳而來
廣西情歌
民族姑娘
妳讓所有的人來了
不想走
出了門也不想回門
啊！廣西情歌
我們的大眾情人

# 輯　三　二〇一一河南山西金秋六人行詩記

2011.9.13

# 啓航

我們自南方起航
千山萬水
航向河之南
航向山之西
找尋我們生生世世渴求的夢土
一座理想國
找
天之堂
神之州
龍之故鄉
我心中的靈山
不會從天空掉落
尋

我見群龍舞起
風雨
溫潤一個個
巨大的龍珠
又起航
從日到夜又從夜到日
從生到死又從死到生
找不到絕不甘心
我們又起航、起航
航向理想國度
找我們的心上人
在河之南
在山之西

# 孟彩虹的詩藝晚宴

孟彩虹以浪漫唯美的手藝
在茶館中編織一道彩虹
端出一道道色香味俱全的
真情

四方的才子佳人
被這種真情吸引
眾聚於彩虹裡的茶館
那些冷卻的回憶慢慢加溫

有一種愛・情秘藏於友誼之內
使小小的茶館成為一座烘焙屋
你烘焙我　　我烘焙你

彼此，以溫熱的心烘焙著
烘焙的過程中
詩、歌、酒，加上笑語攪拌
大家都想織夢　才使
孟彩虹的詩藝晚宴　如彩虹之美

# 衆花舞春風
## ——孟彩虹的茶館

是秋天耶
這裡漫溢著春天的氣息
眾花舞春風
快樂在每個人臉上飛揚

幾種不同的花
幾株不同的樹
樹也會開花
都把密藏的心事以艷麗的綺情綻放
各家在囿限的空間展演他無邊的宇宙

海青青行銷「牡丹園」的四季
張愛萍詮釋「我的二十四氣節」
要怎樣的氣節，及氣節的高度

劉福智高歌「啊！中國」
我彈一曲 The House of Rising Sun
孟彩虹編織她色香味俱全的彩虹
亢奮的情緒使耳語開始親暱

江奎章善於洞察群花的前世今生
私密的內情在耳際唧唧我我
偶爾氣候轉型
吳信義的笑話讓群花眾樹笑彎了腰

台客忍不住高歌
唱的是彩虹的夢　把夢解析
是彩虹的情
啊！心事怎麼藏不住了

花園裡的眾花群樹
不是個個愛現
靜靜的賞花看月
是李舜玉以心轉心的智慧

花叢中最不一樣的是李克霞
她總是拈花微笑
也不立文字　語言是多餘的
她畫中有詩　人畫合一

凡走過要留下痕跡
歷史才不成灰
記錄影像的春秋大業
師兄俊歌責無旁貸
其他各樹種花種
也都不甘寂寞
大放高論　百花齊開

眾樹唱歌

這小小的空間這晚蛻變成一方淨土
沒有兩岸你我
只在靈山飲茶拈花
臨別那回眸一笑
便是永恆的記憶

# 彩虹情思

總是身著豔麗彩粧
在遠處起舞
靜聆
巧笑倩兮
忽隱忽現　若有若無
如夢

我是仙女腰間的彩帶
她遺落在人間
我的美麗如朝露
但我還是喜歡人間
短暫的美麗
勝過天上的長生不死

# 中秋，在山之西

山之西，秋日的晨風已趕上
台北初冬的情緒　頂舒服的
被眾好友一路接風
是從河之南到山之西的第二天
每個人心空中
中秋月圓高高掛

在永樂宮向眾神祈禱
又在聖壽寺遇見諸佛菩薩
然後再是智強兄的接風
他接的是一道自一九四九年以來
最溫情真誠的風
他接到的是兩岸同一個月圓

接著，一陣風向北吹
過中條山
天空雲霧鋪陳著深厚的歷史與文化
記憶比海更深
一路覓尋到了平遙古城
圓月與行者也不離不棄

這一晚，秦時明月是我們溫柔的地陪
足履輕輕撫摸夏商周的石階
跫音傳來尹吉甫北伐築城的風聲
雙手觸接到隋唐五代的古牆
在古歷史中睡大頭覺
臥「熙仁泰」的古床做明清夢

中秋，在山之西
有生以來第一個山之西的中秋
你覺得嗎？

山之東　山之北　山之南
是一樣的風，一樣的月
不一樣的是：一晚玩過三千多年

註：西周宣王五年（西元前八二三年），大將尹吉甫北伐時，曾駐兵於此，築西、北兩城垣，這是平遙古城最早的雛形。現在東門尚有「尹吉甫祠」，而「周卿士尹吉甫墓」也仍完好保存著。
我們一行於九月十二日，上午參觀永樂宮、聖壽寺，中午西建集團董事長劉智強先生為我等設宴過中秋節。之後一路北上，過中條山、運城，晚上約九點才到平遙古城，次日（十三日）早餐後便又北上，趕往五台山。是故，我們在平遙古城可謂「一晚玩過三千年」。

# 平遙古城

多少歷史上的狂風巨浪
都已被時間吞沒
無數是非恩怨早已沉澱質變成化石
商賈的財富妻妾幻化成
詩人吟弄的風月
只有靜謐的平遙古城戰勝了時間殺手

殺手也有失手、失敗的時候
古城昂然挺立於風雨江山
時間走到這裡全都凝滯止步
同興公鏢局和日升昌票號早已關門熄燈
觀光的人潮錢潮一浪一浪過來
古城的生機生意　永不打烊

看啊！古城的搖錢樹
雕鏤精致的檁、樑、柱、窗
古色古香的磚、甕、壁、瓦
實樸精倫的床、椅、柜、几
高雄古典的寔、畫、書、匾
共構成一幅水墨畫風

這幅中國畫
是中華民族的無價之寶

註：平遙古城的前世英靈。堯舜有天命築造龜城。傳說，早在四千年前，帝堯被推為部落領袖後，曾定居平遙一帶。後汾河下游泥沙淤塞，洪水泛濫，晉中盆地被夷為晉陽湖。帝堯只好帶著他的臣僚及妻室離開故地，順太岳山脈南行遷往平陽（今臨汾）。帝堯在平陽，生活雖說安定下來了，但對晉陽湖的治理一直不見起色，成為帝堯的一塊心病。帝堯故去後，舜承擔起治理晉陽湖的大業，並交由大禹具體負責。大禹經過十餘年的努力，終於鑿開了靈石口，把

積水疏導入黃河，空出了晉陽湖。大禹治水成功之後，因水災而遷往各地的人們紛紛返回故土。

舜帶著他的兩位妻子，也就是帝堯的兩個出生並成長于古陶的女兒娥皇、女英，以及諸位大臣，一起回到故土陶地，決定在帝堯當初的「封地」修築一座城池。這樣不僅可以使漂泊歸來的眾多鄉親有一處居住生活的地方，而且還可以向世人昭示，這裡就是帝堯的發祥地陶。可是當他們沿著汾河回到故鄉時，娥皇、女英幼時記憶中的美好家園的景象早已不復存在了，舊時的城池已經被河泥所埋沒，蹤跡皆無。這下可把眾人難住了：究竟舊城遺址在哪裡？該在哪裡修築城池呢？大家一籌莫展之際，忽然一隻金光燦燦、碩大無朋的靈龜，緩緩地從波濤滾滾的汾河中爬上岸來，意味深長地看了看娥皇、女英，然後從容地向前爬去。眾人見了無不驚異。溫和慈祥的帝舜心中一動，對他的兩位愛妻說道「靈龜出現是吉祥之兆，也許是先皇顯靈我們。我們跟著它，它停在那裡，我們就在哪裡築城。」娥皇、女英及眾人都認為帝舜說的有理，於是眾人一起跟著靈龜向南行進。靈龜來到平遙城池所在地時，就匍匐不動了。於是，帝舜指著靈龜對大家說：「這是上天指定的地方，我們就在這裡築城吧。」帝舜將建築城池的任務交給大禹，使大禹成為中國歷史上建築城池的第一人。大禹為了紀念這隻靈龜，建城時即仿照龜的形象規劃城池。帝舜還將此城定名為「古陶城」，並在北門外設計修築了一座流傳至今的「帝堯廟」，供世世代代的古陶人奉祀紀念。

從此，這座平遙龜城就出現了。（董培良，平遙古城，山西經濟出版社，二〇〇八年九月。）

# 聽見文殊菩薩的說法

## ——五臺山在講經

我們一進佛門
導遊左麗紅開始講經
菩薩頂、文殊殿、殊像寺……
都聽見花開的聲音

述說佛陀的心法
緣起性空
慈被眾生
像散射宇宙澄澈的光輝

我們都聽見文殊菩薩的說法
一朵花和古樹下的白鵝
都說聽見了
五台聖境，潤澤有情

# 塔院寺轉大法輪
## ——五臺山一點感動

光陰把我們
打的
像一個陀螺
昏頭轉向
向何方

一陣風吹我們到五臺山
轉動生命的法輪
盪漾著歲月的彩霞
瀲灩的光影中
看見了自己輪迴、轉世而來

終點在那裡？
繁華落盡的明天
誰看得見自己的容顏？
如珠圓玉潤
此刻，你是否已明心見性

九月十三日，五臺山，內心的悸動

# 禪坐五臺山

一入山
紅塵，被定於外
文殊鎮五台
滿山飄著漢藏佛香
旅人啊！片刻禪坐
生命才顯清淨澈明

我禪坐於山
山亦禪坐於我
我們心靈相通
時間為何不拉長，再長
醒後，出山
又將如何？

# 緣起陳定中將軍
## ——記祁縣一段情

陳定中將軍早已彌兵
卸了甲　丟了盔
把心愛的戰馬放生

如今
只從雲端下載另一種無形戰力
組裝一種知識性隱形兵馬
且以隨身攜帶的 iphone
在各大戰場講經說法
時而在南方各離島進行跳島作戰
時而北伐中原

都為救度兩岸眾生
為國家之和平統一

這回
陳將軍遙指
山西祁縣　說
那裡的陽光、空氣、水不一樣
和你們的呼吸、血管和腸胃會有感應
那裡的白雲、花木和土地
有你們的基因
你們不須問「酒家何處有？」
我的根長在那兒
自然帶著你們去

祁縣的天空也是藍色的
驚鴻一瞥的笑容如日升之陽
瞬間加溫
像牡丹怒放

親切寫滿了祁縣的天空
啊！同胞、鄉親、好友
我們一見面
彼此臉上就會放電
如春雨滋潤心田
豐盛的晚宴
滿漢幾全的早餐
為我們揚起遠航的風帆

臨別，帶著祁縣的風光
昭餘鎮的美酒佳餚
喬家大院的前世今生
陳定梅的情義、羅府一家的溫馨
也帶著祁縣的一輪明月、和風與升起的太陽
到台灣
永駐吾心

# 給劉焦智

很久以前
劉焦智是一個遠方的路人甲
我在這頭
他在那頭

後來有秦嶽、文曉村等文化人牽線
劉焦智是山西芮城一個有使命感的文化人
我在這頭
他在那頭

去年
劉焦智終於構建了他和我的小橋
我從這頭

走到那頭

現在、未來
劉焦智等人在那頭埋首
許多人在這頭苦幹
遲早要把兩岸牽在一起

小記：這首詩語氣上，仿余光中的「鄉愁」一詩。

# 人在江野，給劉焦智

你堅持，人在江湖
不那麼江湖，在江野，純粹的在野
因為禮失求諸野
但難到春秋大義和良心都在野了

詩歌，不分在朝在野
詩歌，乃中道　才有巨大的力量
如一粒種子，神州大地的土壤
到處能播種

文化人以詩歌以情義播種
管他在朝在野
只在乎華夏光輝，民族興盛
還有，國家統一

# 在「鳳梅人」醞釀著

一方才幾米的「微型辦公室」
究竟能包納神州大地多少個山頭！
能醞釀五千年歷史文化！
能釀製一段緣自
生生世世的友情

在「鳳梅人」笑談古今風雨
終究都雨過天晴
臧否正邪善惡
有誰逃得出春秋大義之裁鍘
於是，我們持續醞釀著
歷史文化倫理道德都在醞釀著

你們在那頭搞
我們在這頭搞
遲早，我們要搞在一起
只要好好醞釀這把火

一群人九月十一日晚上在芮城
劉焦智的辦公室高談論道有感

# 在芮城「鳳梅人」論道的長者

與秋有約，在「微型辦公室」
一個個端莊的長老
像一首首古詩
有著如春天的活力

長老圍坐著
多有高論
講述自己實證真理的經驗
或治國平天下之大道

濃濃的鄉音穿梭歷史幽谷
半聽半猜中
加上最後的拈「書、畫」一笑
一切都了然於心

九月十七日在劉焦智的辦公室

# 再訪西侯度人

走千山　遊萬水
有奇緣
引古道
我們二度造訪山西芮城
西侯度人
已一百八十萬歲的中華民族老祖

黃土高原上，尋尋覓覓
荒煙漫草中　驚聞
高齡一百八十萬歲的老老老祖
問罪
待遇怎差那五十萬歲的北京人
許多、許多

小記：西侯度在山西芮城，是中國大地上一百八十萬年前古人類的最初用火遺跡，但並未獲重視加以維護。其重要性遠超「北京人」，我為「西侯度人」——中華民族最早的老祖宗，抱不平！九月十六日草稿於西侯度，月底修訂於台北。

# 一條青春永駐的河

一條青春永駐的河
萬歲萬歲萬歲萬萬歲的河
還是一尾活龍
許多人知道她的青春美麗
也很多人不知道
許多人擁抱她的壯麗媚力
也有很多人詛咒她

她根本沒聽到
她理都不理
她只顧擁抱著神州大地
為中華子民創造文明文化
她的方法時而溫柔時而偏激

對著堤岸表達激情
是為喚醒她懷抱中的生命

喚醒每一個生命
希望這些生命找到自己的路
縱使一次又一次的改道
也是一種試煉 一種實證
越是驚險萬狀
越要高亢引歌
唱出自己的壯麗

她的脾氣始終不好
但無論如何改道
迂迴，卻不改其志向
她熟悉所有的故事
從三皇五帝、孔孟李杜、秦皇漢武……
到現在我們看見她的風彩
依然青春永駐 媚力無限

小記：黃河，這條「脾氣」不好的河，幾千年來經常改道，但未改其志向（最終的流向）。脾氣雖不好，還是母親，母親是一個「女人」，女人總是很難「搞定」，不是嗎？惟有戰略高度的思維，「治黃」就不難了。此行，我第二次親臨母親河，看清母親的容顏，她依然青春永駐，嫵力不減，你是一條青春永駐的河，你是創造炎黃文明文化的河。

# 再謁關帝祖廟

三結義光芒穿透時空
為實踐中國統一
漢賊不兩立
你以分身行腳遍及神州大地
又跨過海峽　寶島走透透
如今以電視向台民宣說
春秋大義之法要

再臨祖廟沐浴帝君的神彩
我胸起伏大過海峽的浪
血管連接了長江黃河水
想那濁水溪的水滴
還有多少清明？多少明禮義知廉恥？

還能掀起多高浪頭？

世上最短的是生命
最輕的是，你的項上人頭
但最長久、最永恆的
也最美的
是你人頭裡
那個「義」字

# 運城鹽池神廟

微風在細雨中
窸窸窣窣的嘆息
為什麼？人的無心
神去廟空
廟也荒廢

風勢陣雨以趨強的批判力道
何樣理由？
叫千歲神廟任其在神州大地
衣衫襤褸
呼救無門

九月十八日參訪運城鹽池神廟，千年重要古蹟，任其荒廢，殊為可惜！

# 九峰山的蘋果

九峰山
經呂洞賓等眾神仙加持
芮城子民智慧耕耘
如今，滿山遍野的蘋果樹上
長滿金晃晃的圓寶

那層層疊疊，簇簇叢叢
爭相驚艷的，盡是金元寶
盈盈豐碩是大家邁向富強的本錢
纍纍的幸福
保障子民的大未來

# 在大地種一棵深情

## ——給鄭州和山西的朋友們

秋高氣爽，也是種樹的季節
是種一棵情樹
我們花了好些時光搓揉心情
挑選每一處可以種情
種下深深的情
的好地方

鄭州大學、鄭州博物院……
芮城永樂宮、西侯度、大禹渡、關帝廟……
平遙古城、五臺山、喬家大院……
我們種情且留情

我們是多情種的民族
你們守護著這一株株深情

現在這樣種情的人越來越多
來年必開花結果　成林成森
而當生命走向未來
國家民族早已一統
我們見或未見並不太重要
重要是：我們共植過一棵深情樹

# 我們

以因、以緣
每個人轉動自己生命中的法輪
因緣俱足
轉在一起　而成
同路人
看啊！每個人的臉上
有四季的光彩
有風雨的陣仗
無金山銀山可揮灑
無官府衙門的高度

我們一路同行
河之南

山之西
天之涯
當江河把歲月的影子沖碎
靈魂和枯骨加加減減後
唯一能在生命中不朽的
能攜往面謁佛陀菩薩的
是愛與和平
以及我們的真誠和真情

小記：人到了「一定的年紀」，對所謂的「人生、朋友、同路人」，必有新的定義。終於，發現人際關係的「真相」，除了「真誠、真情」，別無他物，真的；反之，失了真誠、真情，更無一物。

# 釀一甕上好的友情

我們釀一甕上好的友情
要花多少時間
是漸
還是頓
我等一行才幾天
兩岸共釀友誼的美酒
一甕美酒

# 在乎啥？

無須在乎河之南、河之北
也無須在乎山之東或山之西
因緣都安排好了
回家　是生物的本能
每段路的跫音都是呼喚

要在乎的
是那路上的跫音
鄉村的雞啼
是否叫醒了你
沉睡千年的靈魂

# 大地的嘆息

一堆長滿老皮的紙屑躺在路邊
又有一個個年青的紙屑被誰遺棄在巷口
許多紙屑躺在地上要賴、爭議、吵架……
土地以無言抗議

一截煙蒂被人從嘴裡丟了出來
又有更多被截肢的煙蒂躺在地上哭泣
許多煙蒂無可奈何，無力自救
土地以無言抗議

一口痰以東風飛彈的速度從車窗飛出
不斷有各型飛彈、子彈射出
對著地面或其他轟炸

土地也只能嘆一口氣

天空的烏雲濛濛，心情很灰色
路上人車爭搶優先權
大家到底要去那裡？要做什麼？
土地神殤、傷神啊！

小記：社會發展須要時間，再給大陸三十年改進這些問題。

# 河南山西行印象

枯藤老樹昏鴉，那裡找？
小橋流水人家，鄭州大學或九峰山下
大城裡高樓快要擠破了天空
車流人潮拼經濟
古道·西風·瘦馬，意見最多
條條大道通北京
高鐵動車把邊陲變核心
西風不吹
東風流行
肥羊、壯牛、神駒、大貓……
卻都像一條龍
就是找不到病貓
夕陽西下，市場、賣場、戲院、公園……

倒像東方升起的太陽
斷腸人在天涯，那是一九四九吧！
二〇一一年九月
長風萬里六人行
神州大地　風光好看
前景看好

# 輯　四　二〇一〇山西芮城三人行詩記

關帝廟
精忠貫日
2010/11/1

# 在那遙遠的地方

從小曾在的胸後迴盪
隨時間成長的漣漪
如夢的曼妙國度
孫龐鬥法
孟子為梁惠王講經
那法益，永恆不絕
那遙遠的地方　不遠
因為我從小聽得到那聲音
再遠，在心海深處
如今　故事鮮活在眼前
我驗證了千載夢境與實景

註：山西省芮城縣一帶，戰國時代是魏國領土範圍，歷史上孫臏與龐涓鬥法，孟子和梁惠王的利義之辯，應距芮城不遠。我讀國小時，老師講孫龐故事，稍長看台灣歌仔戲演孫龐，原來那真實場景竟在這兒！

# 老太夫人

芮城正活絡
陽光又叫縣城夯起來
這個溫暖的小窩安靜得像詩經裡最早出現的
那首古詩

老太夫人黟然臥坐太師椅
以微笑向大家打招乎
一座不大的山
縕藏劉家古今史話

她微笑
雙腳未曾挪動過
她走過兩個世紀，有些累了
如今，閒看兒孫同外面的太陽
爬昇　照輝　騰空　飛起

# 合林寺

梵音，引人隨晚鐘入寺
有霧，看不清遠方
不見僧人
何來鐘聲？
想必是大禹神靈住神柏（註）
神柏　以飛龍之姿
為鎮寺的住持　一當四千年

梵音，裊裊
在時空中飄　夢中遊
向遊人傳法
凡到此一遊　佛必心中坐
把一顆塵心照明
不垢
不淨

註：合林寺前一株巨大的柏樹，形似飛龍，是大禹所植，稱「神柏」。

# 大禹渡的氾濫

大禹渡　向晚
我蘸起一片雲霧
潑灑入畫境
像把一生的情愛
凝在畫框中

黃河如海的寂靜
湧動　不知不覺
而有感覺　無邊無界
思與詩及閒聊低語
洄游於時間之海

眼前的光景在氾濫
時間和空間也氾濫
河海和感情氾濫

# 謁大禹廟

你的豐功偉業
中華子民會傳頌千秋萬載
你親手種植的龍形柏樹
飛騰四千年了
依然青春不老
但我關心瑤姬（註）
畢竟有她陪
你不寂寞
無她
歷史缺少一分美感
你欠她一份情

註：相傳西王母的第二十二個女兒瑤姬和大禹有段情，大禹治水到了巫山，

發生很大的困難，因為無論如何也不能打通巫山水道。瑤姬派使者送一本能召喚神力的天書給大禹，以神通之力打通巫山水道。解決了大禹的難題。大禹上到巫山，因治水心切，又趕行程，竟未住上一夜，辭別瑤姬立即下山。待治水功成，在巫山久等的瑤姬和侍女，已因思念化為巫山十二峰，最秀麗的神女峰正是瑤姬所化。

# 大禹渡，黃河岸

我站在巍巍的大禹渡峰頂
鳥瞰黃河　無岸無邊
俯視那一片暮色蒼茫
怎天地之間
獨我一人　浪聲、風聲

看不見洶湧的波浪流向那裡
啊！流向我的血管心臟
壯懷我胸
水壓上衝喉管　射沖出興邦一言
中國是我我是中國

入寶山不能空手回

定要向先聖　大禹
索取一枚足跡
或寫在歷史幽谷中的簽名
珍藏一生　向台胞獻寶

我們焚香禱祝
暮色在迷霧中　神跡示現
大家找好位置與您合影
把千年神彩靈氣洗在相片中
我們與祖靈一同寫歷史

轉身離去時
　我頓成一條寂寞的魚　駕時間帆
游向海峽對岸
源自黃河的不朽詩魂
會在夢中縈繞、傳揚、轉世
我知道　寂寞黏人

聽「黃河大合唱」
高聲放歌「Yellow　River」（註）
能解孤寂

註：「Yellow　River」是一首英文流行歌，流行於一九七〇年代前後，至今仍有傳唱者。

# 恭請大禹到台灣

後後輩子民
從千里外趕來晉謁
聖者　為
取經　一事
研究如何治水
以救台灣

台灣問題在水
山水對決　搞零和遊戲
而人倒霉
現在天天風災水災不斷
一滴滴惡質的口水
足以興風　足以作浪

淹沒人心，溺斃是非
窒塞理性，異化人性
全島沈淪

啊！聖者，
走一趟台灣
治水、救人

# 天籟：聽張西燕朗誦劉焦智的長詩

「紫荊簇擁牡丹放．衆仙歡聚福雲漲」
初冬生春花在芮城會議廳飄逸
如洞賓酒香
眾化瀾漫　對妳瀲灩的詩句
化成天韻　微笑
領悟劉焦智綿綿五千年歷史文化的長詩
「游人如織面帶笑．群鴿翩翩舞吉祥」
聲如妙法蓮華為華夏子民
群鴿傳書給比爾蓋茲
贊誦一首有關東方和西方的詩
眾仙心折
歷史文化的馨香才是無量財寶
「永樂瀛湖風光好．八方賓朋慕畫墻」

來自天籟的聲音
在會議廳裡 傳道 解惑
當下頓悟
以比爾蓋茲全部財富買永樂宮一根柱
也不賣

小註：「紫荊簇擁牡丹放 眾仙歡聚福雲漲 游人如織面帶笑 群鴿翩翩舞吉祥 永樂瀛湖風光好 八方賓朋慕畫牆」，是芮城著名女作家張西燕，在「來自天籟的聲音」詩文集一首詩「三月三‧永樂宮」。

# 這壺好茶

這壺好茶，怎麼塵封了半個世紀
如今，以因緣俱足泡開
灑脫的笑聲了結一段歷史
未來如這壺好茶，清秀　芳香

這是甚麼好茶？一啜飲開通了千里時空
家常的話隨茶水夯到天南地北
一種天香釀釀著掏出的心
如同清透的茶湯

這壺神奇的好茶　撫慰鄉愁
就連智民兄贈的「中國古幣」
也被徹底滌亮
閃著熲熲光澤　芮城好光景

小記：芮城行的第三天，十月三十一日上午在芮城市府的交流會議後，下午三點，一行人到西建公司智民兄的辦公室泡茶閒聊。到五點多我們去逛芮城大街，臨行時，智民兄贈我等三人每人「中國古幣」一套。

# 過中條山

從小我看到妳，妳沒看我
冷冷的
經過很多年
我周遊列邦異地
背包裝滿半世紀疑惑和風霜
因緣際會經過往昔夢境裡的中條山
久遠的呼聲，越來越近
走近一看，你正大興土木

山上空氣新鮮
我等小憩
想狩獵一方美景
可惜山色有些老

皺紋太灣又太深
人們只好積極造林
開挖中條山隧道
過些時日再看
你是一座鬱鬱蒼蒼的不老青山

# 關公常平村故里

我不是來仰望神的
拜訪一位祖祖祖輩
老家真是很老了
但您的春秋大義千載如新
永恆不老
就是這麼神
故里閃耀著光輝
春秋大義式微的小島
每年還是有無數子民
走訪您的故里
再闡揚春秋精神

## 關聖帝君迷 珍藏青龍偃月刀

【本報竹東訊】「我們家不是爺爺最大，是關老爺最大！」新竹縣張政弘一家人虔誠信仰關聖帝君，每年全家人總是一起赴大陸祖廟參拜，五年前迎回「青龍偃月刀」，日前又迎回一把劍，關聖帝君的聖物是張家珍貴的傳家寶。張政弘說，他樂意開放信徒參拜，讓關聖帝君賜福大眾。

長期信仰關聖帝君的六十八歲張政弘說，幾年前他被檢查出肺部有黑點，疑似肺癌，幾個月後，黑點竟奇蹟似地消失，去年他開頸椎手術，也感覺到關老爺冥冥之中庇佑他，讓他安然度過難關。「每年關聖帝君在祖廟的大典，他都偕家人赴大陸參加，近二十年來幾乎不曾缺席，他三步一跪進祖廟表示虔誠。」

「這把大刀經歷好多波折才迎回來的！」張政弘說，六年前赴大陸山西運城關帝祖廟，廟方賜予他這把重達九十五公斤的銅製大刀，是仿關聖帝君身上所佩帶的刀所打造。大刀在機場曾被海關扣留，之後又遭遇沒有航空公司願意運送等困境，總算在五年前克服種種困難，將「青龍偃月刀」迎回台灣。

他孫子總是說，「家裡不是爺爺最大，是關老爺最大！」。

人間福報

張政宏（右）、張仁謙父子虔誠信仰關聖帝君，五年前從大陸的祖廟迎回「青龍偃月刀」（最右），日前又迎回一把劍。圖／王慧瑛

# 我們泡在鹽裡

菜都很鹹
風和陽光也有鹽味
有美式咖啡的話，也是鹹的
鹹，在這裡有最高共識
沒有異議份子
鹹，在這裡完全統一的
沒有分離主義

再鹹，把腸胃漬浸起來
不壞　不腐　不病　久放
只是打死賣鹽的
帶動鹽湖區稅收創新高
就業率　上漲

醫院人潮　也上漲
再鹹，血壓上升
友情上升　熱情上火
「大碗羊肉泡饃・靈與肉共享美好時光」（註）
那一把把超鹹的火
久久不滅

註：引洛夫「漂木」長詩。

# 常平村一老者

你的樣子看起來很老
你是關公的鄰居
或許你小時候和長生（註）
玩躲貓貓

你隱居於千載古林的角落
每日瞻仰關老爺風采
修成老僧入定
光陰潺潺流走

不聞水聲
你把生命流程放慢，再慢
坐堂前看小孫蹦跳
玉米在田裡　默默飄香

註：「長生」是關公的本字，常平村四周全是玉米田。

# 謁舜帝

漾漾空影中見大舜帝端坐陵前
細雨微微　聽到
呼吸聲
我心中存放千年的版圖
浮現　已然有些蒼老

海峽對面的遊子經生生轉世
因緣俱足
三人同行，且有芮城諸君
伴同晉謁
那種感覺，已然不老，像是新生
我們躑躅　仔細聽聞祢的故事

所有的傳說
印入靈魂與肉體
早已成為一種經典
成為一條路的基因……和所愛

暮色籠罩一個世界
但祢的光輝
必照亮指引著華夏文明文化的發展
永恆的
耀眼閃爍
我們
生生世世都想來謁陵（您）

# 蘇三監獄・感懷

歷史從來都是半醒半睡
這世界總是半黑半白
我不存太多期望
阿扁公然洗錢幾億判無罪
嫖妓説謊的高票當選民代
這是現代民主台灣

而妳，沈冤得洗
老天有眼啊

大街升起一層薄霧
初冬稍有寒意
人潮與熱情
形塑成一顆顆太陽
把共和國攤在陽光下
爆曬

# 大槐樹的心事

大槐樹　大槐樹　綻放
母親般的慈容
全球的中國人都到跟前
尋根
我們還看到青春的新葉
就像妳年青時
霞衣競搖曳

從吸唆豐乳的第一滴水聲
我們追索，生命的源頭
尋找母親，或解讀母親的心事
一群來自台灣寶島的子民
以真誠之愛

循血緣脈絡
找到大槐樹根
我們定會讀懂妳的心事

現在滿園槐樹　翠綠青絲
定是母親傳承下來
先祖的圖騰
世代子孫都不能忘

# 舜耕歷山

已絕萬丈紅塵
我們一路在黃土高原顛簸前行
群山茫茫以無言致詞
黃河以澎湃頌歌表示最高歡迎
萬里空雲喚我等身心靈
以一顆虔誠的心
到您的歷山田裡汲取
足以讓我們永生的活水土壤

滿山玉米
風與葉熱烈的討論今年豐收
陽光張開溫暖的臂膀
而我們，幾世才來一回

以相機納歷山
鏡頭瞬間汲取古今速成一片風景
回去好製成連續劇
一集一集播出　以您的孝行
轉變廿一世紀將要崩潰的倫理價值觀

# 風陵渡，初冬

有人看地理
　看天文
我看歷史

站在這裡，看
千百年歷史流過，一幕幕
黃帝、蚩尤、女媧、風后……
兵荒馬亂、太平盛世
風和水都見證著

歷史，渡無盡頭
泊於河岸
是代代浪濤

誰能逐浪渡過萬載春秋
只有一條龍
和許多龍的傳人

這初冬的涼意拂掠黃帝的面
攤開千年風景
有人渡來渡去
我渡不渡　不渡已渡
此岸彼岸都是故鄉

離情還是依依
我是來取經尋寶的
那能空手回
一口氣把那一汪浩浩大河
以及風后送來的　風
統統打包裝箱

# 過黃土高原

看這情景與秦時明月
漢時邊關　何異
雄風自大唐吹來
驛道上馬蹄揚起的風沙
尚未沈落
都被我一一望見

再望
青冥蒼蒼　四野茫茫
覬覦中原的狼群那裡去了
轉變的是一方方
崛起、繁榮
無垠青綠的果園農莊

永恆不變的是黃土基因
不變的基因代代傳承
一種自遠古呼喚的聲音
驀然有影像示現
在洞窯口外烤火

# 西侯度的老祖們

一百八十幾萬歲了
肉身壞
骨幹還是撐起藍天
靈永在，你們是我們心中的
萬歲、萬歲、萬萬歲

你們必是和盤古一同開天闢地的兄弟
與三皇也算老友
你們是人類中第一批玩火族群
曾以火攻恐龍猛獸
一把火燒出了華夏文明

那時你們是怎麼過日子的

山澗水湄升起熊熊營火
吃人的野獸就在四周吼嘯
管他是不是中秋節
天天烤肉

那時也沒有新聞報導
但你們的事功永遠不會變舊
那時筆尚未發明，電腦鐵定沒見過
但你們的傳記、回憶錄
華夏子民乃至西方學者都在讀
在廿一世紀復活、崛起的
古西侯度人　新中國人

# 悠遊朱陽村

老家與新家的距離
如夢的薄
今天，高飛的鳥兒
回來找老巢，草掩巢
老樹比天高

朱陽村寧靜如昔
村人如昔的熱情
新鮮的蘋果堆滿路旁
以及祖靈
牽引著成家立業的子孫
想念老家的念頭

在朱陽村劉家古宅

日漸蒼老
蘋果年年豐收
春天也總會按時綻開笑靨
日子也不會老
朱陽村會永恆守著陽光和月色

# 醉臥芮城

還沒開席呢
那熱情就叫人醉了
於是外面的天氣醉的有些細雨寒意
我等以爽快寫歷史
淋漓譜詩篇　高歌
「古來聖賢皆寂寞　唯有飲者留其名」
一舉驅走寒意

一百八十年流浪和思念
一飲而盡
想想我等　半生戎馬
未曾醉臥沙場
今夜，我們醉臥芮城

芮城文友們

月亮，怎掛在天花板上
我把自己泊於舒適的大床
夜半，有鶯燕以悅耳的歌聲誘人
「先先，需要特別服務嗎？」
色即是空，空即是色，我說
醉在身體　醒在心裡

# 過少林寺

練功的武僧都在拼經濟
難怪不接受泰國五大高手挑戰（註）
滿街人聲、叫賣聲　販賣著
經律論以及九陽真經
而少林十八銅人正在各國劇院演出
跳現代舞

誦經歌吟配合市場經濟的行銷策略
流轉逶迤　測試市場風向
企圖以最低價格
誘引眾生
只要買一件
功德無量

驀然瞧見一位兩眼如銅幣的僧人
經營一個個體户
幫人算命　到處化緣
白花花的銀子一把把入袋
大師常說行住坐臥衣食無非都是禪
誰說賺錢拼經濟不能見證菩提

註：二〇〇九年泰國五大武術高手曾要挑戰少林寺，但住持釋永信認為練武為強身，未接受挑戰。後峨眉派掌門汪鍵表示，以峨眉武功足以接下戰書。結果如何？因筆者未持續關心，未可知也！

# 西安，驚鴻，夜

未見兵馬
只見人潮
人潮澎湃
如萬乘兵馬
夜的聲音
蹄大蹄大……
兵馬夜行車
由遠而近

小記：那夜，我和信義兄睡在西安車站旁的旅店內。晚餐後逛街，很晚了回旅店休息，躺床上聞外面街上仍有人潮，那聲音……

# 佇立秦帝陵前

陵前
仰望
你大一統之國度
又將崛起

八方風雨
兵馬成潮
自西安　騰空　凝聚
成一顆東方紅太陽

# 兵馬，絕非俑

萬千眾生都說來看兵馬俑
獨我未見俑
秦皇兵馬
絕非俑
驪駒潛行驪山千載
以潛龍之姿
引萬乘戰車
騰雲駕霧似蕭風颼起
驚詫二十世紀直穿透廿一世紀
八方風雨
都來看神駒雄風就要跨出國境
壯盛兵馬已然崛起

兵馬曾借光秦時明月
夜行車　晝殲敵
吞六國
一統天下　中國
而後，在漢關古道追風
長駿飄過千載萬里
經三國隋唐五代宋元……明清
兵馬神靈永恆不死
也誓不成俑
只選擇在動亂分裂的年代
用浪潮般的鐵蹄實力
再一次完成統一

神州代代英雄豪傑起
個個都想爭下整座天空
為天之子
終究有驃騎兵馬
恆以其天職天命為天志

歷史絕不成灰
兵馬怎會成俑？？
將重組一支能在新世紀縱橫五洲三界
多度空間作戰兵馬
氣吞萬國
悍衛國家統一
兵馬，絕非俑

葡萄園詩刊，第一九〇期（二〇一一年五月十五）

# 西安・黃昏・陰陽界

陰陽兩界籠罩的暮色
越來越有人味
陽界眾生趕赴西安
為一睹在陰界潛修千年
且靈神通天的
秦皇兵馬陣

我們隨四方生靈慕名而來
發現這塊神州寶地
正打開陰陽兩界通道
陰界兵馬大陣持續展演他們的雄壯威武
陽界子民正在啓蒙、開封、頓悟
各界眾生都趕來看熱鬧

不論多麼輝煌的太陽
也有落日黃昏
不論日夜陰陽都是暫時過客
我會用我的前世、今生和來世
愛這塊寶地

葡萄園詩刊，第一九〇期（二〇一一年五月十五）

# 芮城逛大街

下午，幾隻悠閒的鴿子
逛芮城大街
任由一顆心隨意飄散
飄成心花朵朵開
街上熙來攘往的
朵朵花兒熙笑

迎面而來的
呂洞賓、人民花園
縣政府十六層大樓
鄉親父老
街角打牌下棋的長者
我們容顏共一色

同一個媽媽

不需翻譯 我抓得住他
他了解我 微笑中
陌生的臉孔瞬間熟稔

葡萄園詩刊，第一八九期（二〇一一年二月十五）

# 我們正在穿越生命之河

她住在我心中對我說
芮城鄉親正以炎黃靈軀架構
一座精神長橋
讓中華文化在橋上飄香
香溢四方

她住在我們心中說
芮城鄉親用心墾拓一座大花園
面積廣達海的兩岸
他們個個是可愛的園丁
園長余妙珍也勤於灌溉施肥
她對大家說

她的聲音穿越千載時空之河
不管修橋補路的
不論開拓花園的
我們都是這赤縣神州大地的園丁

她語帶憐憫慈悲對大家說
早年曾經田園荒廢 陷於貧困
不得已把孩子讓給別人
設法讓他們回來墾植母親的田園
以母親河的水孕育子孫

我們在母親的田園裡取種
帶中華文化的種子去飛翔
去穿越生命之河
在藍海與巨鯨同游四海
在藍空同巨鳥翺翔萬里
依依不捨中道不完的情話

再度踏上旅程
我們看見母親恢復端莊秀麗
在她崛起，重出大舞台的過程中
我們沒有缺席、沒有失職
這趟穿越生命大河之旅
值得、值得

# 天有情．天不老

## ——走過李賀的路

元和年間這條路上冷冽的寒風
斷斷續續的吹到一九四九年吧
當我來回兩次考察，驚覺
大地年青有朝氣　蒼穹雖老又新生
天有情，天不老

這些年來我重新把量赤縣大地的脈博心跳
重新解讀神州山河的思想意識
再度研析秦皇漢武　孔孟李杜
他們怎樣復活　如何轉世成為你我
盡在這條路上看得清清楚楚

芮城行，我看到的
天有情，天不老

感懷小記：

這回我與信義兄第一天西安到芮城，第八天鄭州到西安，兩次走這條路徑，用了不同的交通工具，給我更深刻的考察。這條路正是一千多年前，大唐詩人李賀（七九〇——八一六年），從長安赴洛陽走過的路，當時大唐已江河日下，他一路所見只有衰敗的景像，感懷作「金銅仙人辭漢歌」：

茂陵劉郎秋風客，夜聞馬嘶曉無跡。畫欄桂樹懸秋香，三十六宮土花碧。魏官牽車指千里，東關酸風射眸子。空將漢月出宮門，憶君清淚如鉛水。衰蘭送客咸陽道，天若有情天亦老。攜盤獨出月荒涼，渭城已遠波聲小。

這首詩寫的背景是唐元和八年（八一三），李賀由長安去洛陽的途中（可能芮城？），他以歷史故事，發揮想像力。傳說金銅仙人是漢武帝求長生不老術而設，仙人掌心向上，手中擎著承接露水的托盤，以便漢武帝飲用。魏明帝時，金銅仙人被拆離漢宮，再運到洛陽，據聞拆離時，金銅仙人因感亡國之慟，潸然淚下。當然，金屬製品不會流淚，流的是李賀的淚，他一路從長安—芮城—洛陽，所見盡是衰敗、蒼老，想必一九四九年這條路上亦如是吧！（註：李賀從長安到洛陽，必經芮城，才是近路，他應該不會繞遠路！）

我走過李賀走過的路，所見已非「天若有情天亦老」。我所見，到處在大興土木，進行大建設，不分階層男女都在拼經濟。因此，我借用李賀的詩句，改「天有情．天不老」為詩題，彰顯繁榮、崛起之意象與感受。

# 給芮城藝文界朋友們

劉焦智以「鳳梅人」在兩岸
搭建起文化長橋
我們才有機會沿橋而來
才有機會沐芮城之春風
謁見歷代老祖

在兩岸另一塊寒冰未化之際
我們先以文化為火種
用熱情溶解那塊
凍結半世紀的巨大冰山
最冷的寒冬已經過去
冰山遲早要溶化

芮城的朋友們
讓我們大家持續維護這座橋
當前兩岸同胞最該進行的大工程
就是修橋補路
使兩岸互通、不分彼此
自然會緊緊的連結為一

以吳信義、吳元俊、陳福成三人之名作

# 輯　五　台灣地區遊蹤詩記

2010/11/1

# 二〇一〇溪頭意象組曲

## 溪頭，何時都綠

倭寇來了
只管綠自己的綠
倭寇走了
還是綠

國民政府來了
更綠

這裡的風聲、水聲、鳥聲和綠意
唱給倭寇聽
也唱給非倭寇聽

# 溪頭的竹

這裡的竹心懷慈悲
又美
搖曳舞姿
霞衣競飄蕩
你細細的瞧

楊貴妃、西施、趙飛燕、蔡文姬
再凝神端視
王昭君、卓文君、文成公主

啊！孟宗
君子，唯美至善慈悲

小註：孟宗，三國時人，廿四孝之一，父早死，母年邁，冬日思食筍，宗入竹林哭，竹生筍。溪頭以孟宗竹聞名於世。

# 夜宿溪頭，有夢

說是回來找尋四十年前
遺失在此的舊夢
果然，那夢還在
小橋流水未脫嗔愛
涼風明月依舊清純
神木老了很多
老雖老，年青的鳥聲記得我的夢
才一夜　夢又青春

夜，在吟詩

紫虛萬物在這裡諦聽天籟
天籟，只和黑夜有感覺
夜乃吟詩　歌唱
窗外，松風愛音悠然

溪頭，空中步道（2010.4.22）

大地眾生都睡不著了
我起身望月　傾聽
蕨類會不會喚來一隻恐龍
零零落落的蛙聲
卻在瞬間輕歌換慘叫
鐵定碰到天敵

夜，仍在吟詩
浪漫唯美　喜劇悲劇
都是詩　你問夜

## 溪頭之晨

睡夢中感覺該是天亮了
怎麼窗外黑漆漆
乾脆伸手播開黑夜
裸身衝入林間

在林間讓晨霧沐浴後
換成另一種睡姿
一床薄如蟬羽的涼被
遮掩著赤裸的身子

當鳥聲自窗衣竄入
驚醒夢中人 想著
我不要天亮？

## 專程拜訪修行中的神木

記憶在叢林中點亮一盞燈。
神識會自動導航
就是要來拜訪修行中的禪僧
眾生尊你為一株神木
必能解一切惑 去一切苦
我只想問些問題，人生的謎語吧

青山永不老是否真實
你靜默傳出心語道：凡所有相皆虛妄
我想再問：禪是什麼
你說：我只是一棵樹木

## 大學橋

半個世紀不算多
朋友們從小到老有的説
連接你我
承載我們這一代人許多回憶
清風流水從身邊靜靜走過
我堅守拱橋上的秘密和承諾
這半生才不算蹉跎

只要走到這裡
銀髮族的人們
青春的歲月和記憶全都回來

橋下瀅瀅　瀲灩
橋上鮮活　飛揚
還是你二十歲那年
迷人的倩影吧

## 鳥兒的願望

溪頭的鳥兒最可愛
隨便一隻都能使林志玲的美遜色
任意捕捉幾段鳥聲
就能譜成圓舞曲

溪頭的鳥聲最清亮
啾啾啾　我被叫成一隻鳥
我們共舞、唱歌、飛翔
聽她們祈禱
願大地水土不再憤怒

願溪流草木永保清新
願山不要亂走
願鳥兒永遠有棲息地

## 春行溪頭

我們回來找尋記憶
果然，一回來
就看到滿山滿地的記憶片
是那年春天未曾帶走的

舊憶甦醒
織成千絲萬縷　爛縵彩光
喚我於紅塵
春行溪頭

一日淨心　一夜沉澱
之後，我踩著一片雲回台北

朋友們定說
你乾淨多了

## 我聽見蕨類和恐龍化石的對話

午夜，沉睡之際
突然醒來想ㄒㄩㄒㄩ
窗外夜黑風高，有聲音傳來
是蕨類們得意的聲音：
我們這些柔弱的沉默者
終於熬過苦難
存活下來
且子孫綿延族群壯大
恐龍以化石之姿在岩層中回話：
我們曾是地球上最強大的統治者
現在任人挖掘供人觀賞

小註：蕨類也是溪頭林區最多的植物，它是和恐龍同時代生長的生物。另，恐龍滅絕於六千萬年前，台灣島從海中出現才三千萬年前。

# 大學池

蓊鬱森綠中一隻清澈的眼睛
有最靈秀的回眸
從這窗裡望出
大學眼出塵的慧光
記憶就算遺失千年
距離儘管遠在天邊
今生今世　至少
再來一回

只為瞧一眼池上那片最飄逸的雲朵
再看一眼彩雲下那隻靈慧的眼睛

溪頭，大學池（2010.4.22）

# 台南菜寮溪化石詩記

菜寮溪在更新世（Pleistocene，距今約兩百萬年）時代，為台灣古象的樂園，出土化石有中國劍齒象、明石劍齒象、署光劍齒象、印度劍齒象、台灣猛瑪象等。在菜寮溪還發現「四不像鹿」化石，其頭像鹿，腳像牛，背如駱駝，尾巴則像驢子，體大如牛，角有許多瘤狀突起。真是神奇！往昔我以為「四不像」是神話生物，沒想到真有其物，且有化石證物，專家鑑定如是說。

其他「族繁不及備載」，不逐一細述。

## 詩寫菜寮溪化石

### 滄海桑田

有幸在這裡入定
千萬載

在大海出定　追逐白浪
浪未落已固結成山
你們在山中觀日沉月昇
想那太陽月亮
遲早也成化石
這世界
即非滄海　又非桑田

## 一隻台灣古象的心事

在這裡臥觀　很久了
夢與醒之間
等待一個機會
重出江湖　重建舞台

「啊！台灣古象！」

是一支巨斧劈開天地的聲音
推開厚重的萬載鎮壓
一種活化石熱情的迎接

## 那裡不一樣

出土後，你
以何種眼光　檢視
這個世界
日夜依舊　不同的
為什麼有許多物種
在不該入土的時候
入土了

## 化石的疑惑

度過那年最美麗的春天
為什麼夏天永遠沒來

時間暫停　空間固結
只是一夢
直到新物種考古學者莊臨
我又復活了

## 不朽

很多人追求不朽
立德、立言、立功……
但我們　千古不語
萬載無為
躺著
就成不朽

## 結語

台南縣除左鎮菜寮溪產化石，另有二個重要化石出土區。一者是關仔嶺化石區，主要化石有珊瑚蟲、有孔蟲、貝類、海綿、海膽等，本區又有四個子區，分別是羌子埔、麒麟尾、龜重溪沿岸牛山下坡、牛山橋上游河牀。欲知其詳者，請君到台南關仔嶺走一趟。

台南縣第三個重要化石區是「水流東化石區」，位在烏山頭水庫集水區東北側，本區化石以軟體動物門的雙殼綱扇貝科的長沼扇貝為最多。其次是原生動物門，根足亞綱，「有孔蟲目」的有根狀偽足「有孔蟲」原生動物化石。另外還有文蛤、海星、海膽、牡鵬、血蛤、螺類等化石。這裡說的「門」、「綱」、「科」、「目」，要復習高中生物課才能知其基本原理。

「水流東」化石區是台灣目前所發現最美麗的化石景觀，化石層平均厚度三十到五十公分，最厚達一公尺，規模之大，數量之多，令人嘆為觀止，且保存完整，實在難得一見。「水流東」地名有水向東流去之意，在台南縣左鎮山區亦有相同地名者。

順帶一說，台南在人類學研究上，向來被稱「西拉雅的故鄉」。在民國五十年代，左鎮的十個村中，就有七個村分佈著西拉雅族人聚落，佔左鎮人口近半，數百年來平埔族大多已經漢化，唯一留存的習俗是「阿立族」的神秘祀典。

民國五十年代至今才多久？西拉雅族人今何在？也許不久我們只能看如本文幾張圖照。時間使一切都成「化石」，唯化石永恆！

橫山阿立祖廟

口社寮阿立祖廟

# 諦聽山水和生命的對話

近十年來，幾乎走遍了台灣的荒山野嶺，乃至名川大山，每一地都有動人的故事，有神秘的傳奇。只要你去親近，領悟，不僅可以感受「有情」的愛，也會聽懂「無情」說法。

## 絕頂觀飛鷹

有天籟之音起自
乾坤之中
感應天地間的幽魂
正蓬然間
已不見了蹤影

你又悠然滑來

祇為向我見證
長空有萬里

你原屬天空，且囿住了天空
沒有你，這裡的天
鐵定就空空
天空有你，你創造天空

近年常和朋友們走訪台北四周郊山，七星山、擎天崗、大屯山、紗帽山……登頂後，只要天氣不差，常見有老鷹在空中盤旋翱翔，那種感覺，真是「即壯又絕且孤」的景觀，人生觀瞬間有了不同「啟動」。

## 李棟山鎮西堡

患了阿茲海默症的
歷史
還有誰記得李棟李將軍
才不久前的那件

戰事
再凶狠的叢林也吞沒不了
地理
古道述說久遠的蒼茫
馬里科灣泰雅族人大戰
日本鬼子的慘烈戰史
站在這裡的許多參天古木
都是終極證人

李棟山、鎮西堡（均在新竹縣尖石鄉）。滿清於康熙二十二年（一六八三年），正式對台灣行使合法的統治權，漢人移民日多。當時山胞經常出草殺人，乾隆五十一年（一七八六年），連淡水同知潘凱的人頭，也遭生番「取走」了，清廷乃積極於台灣的開山「撫番」政策。

今新竹尖石鄉一帶，朝廷派一李棟將軍率兵鎮守，終於後來山胞不再殺人了。為紀念李棟將軍，乃命山名「李棟山」（標高一千九百一十三公尺）。

光緒二十一年（一八九五年）因馬關條約，台灣割讓日本，日軍慢慢「擺平」平地的抗日武力後，各地高山上的山胞依然有反日、抗日組織。光緒三十二年（一九〇六年，日軍六百餘人佔領李棟山，與此區泰雅族十七社約二千勇士，展開大戰，初則以地利，山胞佔優勢。但終不敵有先進裝備的正規軍，至宣統三年（一九一一年）日軍終於攻破山胞各部落，並展開大屠殺，山胞死傷慘重，是謂「李棟山抗日事件」。

現有「李棟山莊」，莊主叫朱萬鶴，正位於登山口。附近有「鎮西堡」，因不是「名山」，知道的人不多，而知道這段原住民抗日血淚史的人，更少了！

## 魚路古道

絹絲流泉浣洗過的耳聽
碧綠藍天撫摸過的目明
妳款款徐來
在半崖上，掀起我的裙擺
原來是先民自海邊挑魚上來

我在石磊磊潤石中展讀
先民打拼的勇氣和智慧
邁越峭壁危石

已是百年荒煙漫草
如今，古道又鮮活

我們是被城市打壓和清洗
快要忘本的
魚群
重新回來找尋祖先繁殖興盛的足跡
代代繁衍，不要成為稀有魚種

被城市的污穢瘴癘糾纏
魚肚翻白，向那裡逃竄
經進化論篩選，那沒斷氣的
一尾尾循著祖先的路攻上擎天崗
只為得到那一點點生命之泉

常愛在郊山走走的人，一定知道或走過這條魚路古道，有點小難度，在多雨的季節，石板上很滑，有點危險，不太適合年紀太大的人。「魚路古道」，顧名思義，我們的先祖們，他們在北海岸一帶打了魚，一擔擔要挑上擎天崗，挑到台北區賣，多麼的辛苦。在古早時代交通不便的地方，所有的貨物往來都用人挑，所以台北地區我們還知道「挑硫古道」、「挑鹽古道」……也許還有更多。現在無人挑魚了，但古道又鮮活，遊人魚魚雅雅，魚貫而來，諦聽先人說些什麼？

## 驚天崗草原

大太陽無情的蹂躪這整片鮮綠
遊人個個無語　心淨自然涼
牛也向來自有一套
混的哲學

老牛只顧吃嫩草
小孩搞飛機
大人們仍關心那朵雲啊
要流浪到何方

天邊一群趕路的雲彩
匆匆忙忙的飄來

也不佇足
要追求些什麼
只有碉堡、老牛與遊人
共享這一畦青草

# 玉山、大霸尖山傳奇頌詩

## 玉山盟五帖

### 一、故事

亞歷山大船長所見 Morrison Mountain
原是西王母居所
渾然多玉也
晨風中讀你，峰頂奇幻的 Pattonka
你有四大王護駕
我歷半生春秋跋涉
始見尊者

### 二、攻頂途中

守者磐桓不動，攻者威武不屈

你遠交近攻都不宜
嶄砦層層，巖崖下藏著要命的玄機
風呼呼殺來，亂石砳砳
雙方礌石相擊，準備決戰
我熟稔六韜三略，步步為營
沒有拿不下的山頭
只擔心你嫁禍給登山的旅人

## 三、登主峰

幽暗晨嵐
守著準備自群峰跳躍而出的旭日
隱藏名山的故事
如天、如光，都要真相大白了
萬民等著膜拜
原來你天生就君臨天下

## 四、坐觀日出

晨四點，大家都急著要卸下滿天星斗

緩慢的，等妳蓮步輕移
我屏住氣，靜寂
左腳踩南投
右腳踩高雄
一屁股坐在嘉義
曉起二郎腿，看妳
猶抱琵琶半遮面

## 五、日出

驟然，一顆心躍出
東方明珠
婉約溫柔的身段
在朦朧的晨霧中
妳說「心清如玉　義重如山」
妳的光照，浣淨我們張張未洗的臉龐
滌洗長年積陳未除的心垢
大家都成乾乾淨淨的人

鄒族稱玉山「Pattonkan」，史籍上最早有「玉山」之名（僅在台灣島），是清康熙三十六年（一六九七），浙人郁永河到台灣（北投）採硫磺，並到各地考察，他所著「蕃境補遺」一書說：「玉山萬山之中，其山獨高」。

在「雲林採訪」書云：「八通關山又名玉山」，另「彰化志」則稱「雪山」，日據時期稱「新高山」。

西方人對玉山的稱呼，起於駐台南英國領直 Robert Swinhoe，乘美國 Alexander 號商船，航經台灣遙見玉山獨峻，因船長名叫 W. Morrison，外人乃以「Morrison Mountain」稱玉山。可見歷史上的玉山，諸多不確定性，還好現在都各有定位了。

我國古代「山海經．西山經」記載，玉山為西王母居所兼管轄地，其上多玉也。這當然是另一座玉山。

台灣玉山有「四大天王」守護，分別是東峰（三千八百六十九公尺）、北峰（三千（八百三十八公尺）、南峰（三千七百一十一公尺）、西峰（三千五百二十八公尺）。而主峰玉山有三千九百五十二公尺。

## 聖山傳奇：大霸尖山紀行

雲霧縹緲間，以為是到了南天門
兩側深淵中，風暴飆起，有蛟龍翻騰

風雪夾殺，凌空吃人
我們活像飛往銀河系飄颻中的太空船
無畏前行，向未知探索
朦朧中，隱約見大霸聳壑昂霄
端坐成一尊巨大、永恆、莊嚴的黑臉關公

縱使你是一隻雪山飛狐也沒用
我們是一隻隻寒帶蝙蝠
把身體高懸，或和岩層緊緊擁抱一起
或把肉身潛藏隱入岩石內
以避開飆風、寒氣及不確定落石的追殺
在萬尺高空中
夢想自己是顛峰戰士
創造自己不朽的紀錄

登大霸尖山通常是一次完成四座百岳的「套餐」，時間約需三、四天。分別是大霸尖山（三四九二公尺）、小霸尖山（三四四五公尺）、伊澤山（三二九七公尺）和加利山（三一一二公尺）。

大霸尖山是泰雅族和賽夏族的聖山，傳說太古洪荒時代的某一天，天空降下一堆巨大的「天來石」，落在大霸尖山頂上，巨石中藏有一男一女。一隻名叫「Sisilek」的烏鴉知道後，每日來巨石邊祈禱，希望人類出生，終於有一天，巨石轟然崩裂，從巨石中走出一男一女，後來兩人結成夫妻，繁衍子孫，他們就是人類的始祖。

登大霸雖不如玉山高，危險性卻高出很多。在接近大霸時，其基底下的「路」，只是從斷崖上鑿出一約三十公分寬的走道，前進時極緩慢，左邊身體貼著大霸基壁，右側是不見底的深淵，雲霧如蛟龍般翻湧。

通過大霸再上小霸，也是危險。小霸頂是由許多巨岩，層層疊疊似有秩序的堆積而成，很是神奇，霸基到霸頂也約有五十公尺垂直峭壁。這是真的在「爬」山了，想登頂的人都要「四點著壁」，攀住岩縫，抓緊岩塊的凸出處，真是危機重重。

登頂後那種感覺，非筆墨所可形容，這是登山的魅力，難怪有人登完台灣百岳，還要遠征國外世界級的高山。

我的祖國行腳詩鈔：陳福成 70 歲紀念詩集　274

# 陳福成著作全編總目

為中華民族的生存發展進百書疏
金秋六人行
漸凍勇士陳宏

**捌、小說、翻譯小說**

迷情・奇謀・輪迴、
愛倫坡恐怖推理小說

**玖、散文、論文、雜記、詩遊記、人生小品**

一個軍校生的台大閒情
古道・秋風・瘦筆
頓悟學習
春秋正義
公主與王子的夢幻、
洄游的鮭魚
男人和女人的情話真話
台灣邊陲之美
最自在的彩霞
梁又平事件後

**拾、回憶錄體**

五十不惑
我的革命檔案
台大教官興衰錄
迷航記、
最後一代書寫的身影
我這輩子幹了什麼好事
那些年我們是這樣寫情書的
那些年我們是這樣談戀愛的
台灣大學退休人員聯誼會第九屆理事長記實

**拾壹、兵學、戰爭**

孫子實戰經驗研究
第四波戰爭開山鼻祖賓拉登

**拾貳、政治研究**

政治學方法論概說
西洋政治思想史概述
中國全民民主統一會北京行
尋找理想國：中國式民主政治研究要綱

**拾參、中國命運、喚醒國魂**

大浩劫後：日本 311 天譴說
日本問題的終極處理
台大逸仙學會

**拾肆、地方誌、地區研究**

台北公館台大地區考古・導覽
台中開發史
台北的前世今生
台北公館地區開發史

**拾伍、其他**

英文單字研究
與君賞玩天地寬（文友評論）
非常傳銷學
新領導與管理實務

# 2015 年 9 月後新著

| 編號 | 書　　　　名 | 出版社 | 出版時間 | 定價 | 字數(萬) | 內容性質 |
|---|---|---|---|---|---|---|
| 81 | 一隻菜鳥的學佛初認識 | 文史哲 | 2015.09 | 460 | 12 | 學佛心得 |
| 82 | 海青青的天空 | 文史哲 | 2015.09 | 250 | 6 | 現代詩評 |
| 83 | 為播詩種與莊雲惠詩作初探 | 文史哲 | 2015.11 | 280 | 5 | 童詩、現代詩評 |
| 84 | 世界洪門歷史文化協會論壇 | 文史哲 | 2016.01 | 280 | 6 | 洪門活動紀錄 |
| 85 | 三搞統一：解剖共產黨、國民黨、民進黨怎樣搞統一 | 文史哲 | 2016.03 | 420 | 13 | 政治、統一 |
| 86 | 緣來艱辛非尋常－賞讀范揚松仿古體詩稿 | 文史哲 | 2016.04 | 400 | 9 | 詩、文學 |
| 87 | 大兵法家范蠡研究－商聖財神陶朱公傳奇 | 文史哲 | 2016.06 | 280 | 8 | 范蠡研究 |
| 88 | 典藏斷滅的文明：最後一代書寫身影的告別紀念 | 文史哲 | 2016.08 | 450 | 8 | 各種手稿 |
| 89 | 葉莎現代詩研究欣賞：靈山一朵花的美感 | 文史哲 | 2016.08 | 220 | 6 | 現代詩評 |
| 90 | 臺灣大學退休人員聯誼會第十屆理事長實記暨 2015～2016 重要事件簿 | 文史哲 | 2016.04 | 400 | 8 | 日記 |
| 91 | 我與當代中國大學圖書館的因緣 | 文史哲 | 2017.04 | 300 | 5 | 紀念狀 |
| 92 | 廣西參訪遊記（編著） | 文史哲 | 2016.10 | 300 | 6 | 詩、遊記 |
| 93 | 中國鄉土詩人金土作品研究 | 文史哲 | 2017.12 | 420 | 11 | 文學研究 |
| 94 | 暇豫翻翻《揚子江》詩刊：蟾蜍山麓讀書瑣記 | 文史哲 | 2018.02 | 320 | 7 | 文學研究 |
| 95 | 我讀上海《海上詩刊》：中國歷史園林豫園詩話瑣記 | 文史哲 | 2018.03 | 320 | 6 | 文學研究 |
| 96 | 天帝教第二人間使命：上帝加持中國統一之努力 | 文史哲 | 2018.03 | 460 | 13 | 宗教 |
| 97 | 范蠡致富研究與學習：商聖財神之實務與操作 | 文史哲 | 2018.06 | 280 | 8 | 文學研究 |
| 98 | 光陰簡史：我的影像回憶錄現代詩集 | 文史哲 | 2018.07 | 360 | 6 | 詩、文學 |
| 99 | 光陰考古學：失落圖像考古現代詩集 | 文史哲 | 2018.08 | 460 | 7 | 詩、文學 |
| 100 | 鄭雅文現代詩之佛法衍繹 | 文史哲 | 2018.08 | 240 | 6 | 文學研究 |
| 101 | 林錫嘉現代詩賞析 | 文史哲 | 2018.08 | 420 | 10 | 文學研究 |
| 102 | 現代田園詩人許其正作品研析 | 文史哲 | 2018.08 | 520 | 12 | 文學研究 |
| 103 | 莫渝現代詩賞析 | 文史哲 | 2018.08 | 320 | 7 | 文學研究 |
| 104 | 陳寧貴現代詩研究 | 文史哲 | 2018.08 | 380 | 9 | 文學研究 |
| 105 | 曾美霞現代詩研析 | 文史哲 | 2018.08 | 360 | 7 | 文學研究 |
| 106 | 劉正偉現代詩賞析 | 文史哲 | 2018.08 | 400 | 9 | 文學研究 |
| 107 | 陳福成著作述評：他的寫作人生 | 文史哲 | 2018.08 | 420 | 9 | 文學研究 |
| 108 | 舉起文化使命的火把：彭正雄出版及交流一甲子 | 文史哲 | 2018.08 | 480 | 9 | 文學研究 |

| | | | | | | |
|---|---|---|---|---|---|---|
| 109 | 我讀北京《黃埔》雜誌的筆記 | 文史哲 | 2018.10 | 400 | 9 | 文學研究 |
| 110 | 北京天津廊坊參訪紀實 | 文史哲 | 2019.12 | 420 | 8 | 遊記 |
| 111 | 觀自在綠蒂詩話：無住生詩的漂泊詩人 | 文史哲 | 2019.12 | 420 | 14 | 文學研究 |
| 112 | 中國詩歌墾拓者海青青：《牡丹園》和《中原歌壇》 | 文史哲 | 2020.06 | 580 | 6 | 詩、文學 |
| 113 | 走過這一世的證據：影像回顧現代詩集 | 文史哲 | 2020.06 | 580 | 6 | 詩、文學 |
| 114 | 這一是我們同路的證據：影像回顧現代詩題集 | 文史哲 | 2020.06 | 540 | 6 | 詩、文學 |
| 115 | 感動世界：感動三界故事詩集 | 文史哲 | 2020.06 | 360 | 4 | 詩、文學 |
| 116 | 印加最後的獨白：蟾蜍山萬盛草齋詩稿 | 文史哲 | 2020.06 | 400 | 5 | 詩、文學 |
| 117 | 台大遺境：失落圖像現代詩題集 | 文史哲 | 2020.09 | 580 | 6 | 詩、文學 |
| 118 | 中國鄉土詩人金土作品研究反響選集 | 文史哲 | 2020.10 | 360 | 4 | 詩、文學 |
| 119 | 夢幻泡影：金剛人生現代詩經 | 文史哲 | 2020.11 | 580 | 6 | 詩、文學 |
| 120 | 范蠡完勝三十六計：智謀之理論與全方位實務操作 | 文史哲 | 2020.11 | 880 | 39 | 戰略研究 |
| 121 | 我與當代中國大學圖書館的因緣（三） | 文史哲 | 2021.01 | 580 | 6 | 詩、文學 |
| 122 | 這一世我們乘佛法行過神州大地：生身中國人的難得與光榮史詩 | 文史哲 | 2021.03 | 580 | 6 | 詩、文學 |
| 123 | 地瓜最後的獨白：陳福成長詩集 | 文史哲 | 2021.05 | 240 | 3 | 詩、文學 |
| 124 | 甘薯史記：陳福成超時空傳奇長詩劇 | 文史哲 | 2021.07 | 320 | 3 | 詩、文學 |
| 125 | 芋頭史記：陳福成科幻歷史傳奇長詩劇 | 文史哲 | 2021.08 | 350 | 3 | 詩、文學 |
| 126 | 這一世只做好一件事：為中華民族留下一筆文化公共財 | 文史哲 | 2021.09 | 380 | 6 | 人生記事 |
| 127 | 龍族魂：陳福成籲天錄詩集 | 文史哲 | 2021.09 | 380 | 6 | 詩、文學 |
| 128 | 歷史與真相 | 文史哲 | 2021.09 | 320 | 6 | 歷史反省 |
| 129 | 蔣毛最後的邂逅：陳福成中方夜譚春秋 | 文史哲 | 2021.10 | 300 | 6 | 科幻小說 |
| 130 | 大航海家鄭和：人類史上最早的慈航圖證 | 文史哲 | 2021.10 | 300 | 5 | 歷史 |
| 131 | 欣賞亞媺現代詩：懷念丁穎中國心 | 文史哲 | 2021.11 | 440 | 5 | 詩、文學 |
| 132 | 向明等八家詩讀後：被《食餘飲後集》電到 | 文史哲 | 2021.11 | 420 | 7 | 詩、文學 |
| 133 | 陳福成二〇二一年短詩集：躲進蓮藕孔洞內乘涼 | 文史哲 | 2021.12 | 380 | 3 | 詩、文學 |
| 134 | 中國新詩百年名家作品欣賞 | 文史哲 | 2022.01 | 460 | 8 | 新詩欣賞 |
| 135 | 流浪在神州邊陲的詩魂：台灣新詩人詩刊詩社 | 文史哲 | 2022.02 | 420 | 6 | 新詩欣賞 |
| 136 | 漂泊在神州邊陲的詩魂：台灣新詩人詩刊詩社 | 文史哲 | 2022.04 | 460 | 8 | 新詩欣賞 |
| 137 | 陸官 44 期福心會：暨一些黃埔情緣記事 | 文史哲 | 2022.05 | 320 | 4 | 人生記事 |
| 138 | 我躲進蓮藕孔洞內乘涼--2021 到 2022 的心情詩集 | 文史哲 | 2022.05 | 340 | 2 | 詩、文學 |
| 139 | 陳福成 70 自編年表：所見所做所寫事件簿 | 文史哲 | 2022.05 | 400 | 8 | 傳記 |
| 140 | 我的祖國行腳詩鈔：陳福成 70 歲紀念詩集 | 文史哲 | 022.05 | 380 | | 新詩欣賞 |

# 陳福成國防通識課程著編及其他作品

## （各級學校教科書及其他）

| 編號 | 書　　名 | 出版社 | 教育部審定 |
|---|---|---|---|
| 1 | 國家安全概論（大學院校用） | 幼　獅 | 民國 86 年 |
| 2 | 國家安全概述（高中職、專科用） | 幼　獅 | 民國 86 年 |
| 3 | 國家安全概論（台灣大學專用書） | 台　大 | （臺大不送審） |
| 4 | 軍事研究（大專院校用）（註一） | 全　華 | 民國 95 年 |
| 5 | 國防通識（第一冊、高中學生用）（註二） | 龍　騰 | 民國 94 年課程要綱 |
| 6 | 國防通識（第二冊、高中學生用） | 龍　騰 | 同 |
| 7 | 國防通識（第三冊、高中學生用） | 龍　騰 | 同 |
| 8 | 國防通識（第四冊、高中學生用） | 龍　騰 | 同 |
| 9 | 國防通識（第一冊、教師專用） | 龍　騰 | 同 |
| 10 | 國防通識（第二冊、教師專用） | 龍　騰 | 同 |
| 11 | 國防通識（第三冊、教師專用） | 龍　騰 | 同 |
| 12 | 國防通識（第四冊、教師專用） | 龍　騰 | 同 |

註一　羅慶生、許競任、廖德智、秦昱華、陳福成合著，《軍事戰史》（臺北：全華圖書股份有限公司，二〇〇八年）。

註二　《國防通識》，學生課本四冊，教師專用四冊。由陳福成、李文師、李景素、頊臺民、陳國慶合著，陳福成也負責擔任主編。八冊全由龍騰文化事業股份有限公司出版。